TRATTORIA
トラットリア
MOCO

きみと食べたいイタリアン

速水もこみち

はじめに

　MOCOレシピシリーズも、第3弾になりました。'10年に初めて料理本を出させていただき、今は番組の料理コーナーも担当させていただくようにもなって、本当に幸せです。
　レシピを考えるのは楽しくて、どんどん浮かんでしまうので（笑）、『MOCO飯』で紹介したオリジナルレシピノート（分厚いノート3冊分）が既にたくさんのレシピでいっぱいになり、新しいノートを準備しています。
　そして今回は、そんな中からMOCO流イタリアンを披露したいと思います！　オリーブオイルもチーズも大好きな僕が、機会あってイタリアに行き、マンマの味から一流レストランまで、食べつくした約1週間。現地で食べたイタリアンは塩気が強めだったけど、かなり好きな味でした。その味を僕なりにアレンジしたものやオリジナルのイタリアン系レシピをご紹介しようと思います。
　気分は僕が開いた「トラットリア」にみなさんをお招きするつもりで、前菜からデザートまで考えてみました。
　後半には、イタリアで出合った味を紹介しながら、僕と一緒に旅した気分になれるページもあります。もちろんイタリアで作った料理や、本場のレシピも満載です。みなさんに楽しんでもらえたらうれしいです。

CONTENTS

ANTIPASTI
お酒にも合う、気分がアップする前菜

オレンジサラダ …………………………………… 6
チェダーチーズの彩りオードブル ……………… 6
トマトサラダ ……………………………………… 8
紫キャベツとビーツの温サラダ ………………… 9
グリーンオリーブと牛ひき肉のフライ ………… 10
ピクルスをプロシュートで巻いて ……………… 11

PRIMI PIATTI
彩りきれいなスープやパスタ、リゾット

ペンネのトマトスープ …………………………… 14
サーモンのクリームスープ ……………………… 15
トリュフとマッシュルームのラビオリ ………… 16
いんげん豆とコーンのクリーミースープ ……… 17
パンチェッタとなすのオイルソースパスタ …… 18
ゴルゴンゾーラのシェルパスタ
トマトソースで …………………………………… 20
エビとイカのトマトソースのタリアテッレ …… 21
ミートフライをのせたパスタ …………………… 22
MOCO流ラザニア ………………………………… 23
ポルチーニリゾット ……………………………… 24
かぼちゃのクリームリゾット …………………… 25

SECONDI PIATTI
MOCO飯の本領発揮！ メイン料理

フィレのサイコロステーキ バルサミコソース … 26
スズキのハーブソテー 揚げごぼう＆野菜添え … 30
ポークソテー ライス添え ………………………… 31
ムール貝と手長エビのガーリック＆ワイン蒸し … 32
サーロインステーキと数種のきのこソテー …… 34
骨付き鶏もも肉とポレンタ ……………………… 35

PIATTI UNICI
大満足のワンプレートディッシュ

イタリアントマトカリー ………………………… 36
モーニングトースト
シャンパンカクテルと共に ……………………… 38
フィッシュフライのパニーニサンド …………… 39
サラダピッツァ …………………………………… 40
シチリア風ピッツァ ……………………………… 41

DOLCI
やっぱり欠かせないデザート

メレンゲのパーティ ……………………………… 42
ティラミス ………………………………………… 44
イチジクとラズベリーの
チョコアイスクレープ
ストロベリーソースで …………………………… 45

COCKTAIL
MOCO特製カクテル

オレンジブロッサム ……………………………… 46

速水もこみち、イタリア食紀行 ……… 48
Tokyo → Roma
機内食からレストラン並みのイタリアン！… 50

Roma ……………………………………… 52
TRATTORIA PERILLI　リガトーニのカルボナーラ／ブカティーニのアマトリチャーナ／サルティンボッカ・アッラ・ロマーナ …… 56

Firenze ………………………………… 58
TRATTORIA ARMANDO　ラビオリ／鶏レバーのクロスティーニ ………………… 62
ANTICO RISTORO DI' CAMBI　ビステッカ 64
IL SALVIATINO　リボッリータ …………… 65

Palermo ………………………………… 72
パレルモの市場へ ……………………………… 76
シチリア大家族のお宅訪問！
オレンジのサラダ／パレルモ風アネッレッティ 78
お礼にイタリアでMOCO飯を披露　エビのチーズ＆ハーブフライ／カジキマグロソテー 白ワインソース／仔牛のグリル サルサソース……… 79
RISTORANTE DONNA FRANCA FLORIO
ノルマ風パスタ ………………………………… 82

Civita …………………………………… 84
ALMA CIVITA　にんにくとオリーブオイルのブルスケッタ／黒トリュフのウンブリケッリ 90
僕がイタリアで買ったもの！ ………………… 92

食材逆引きインデックス ……………… 94

この本の使い方

● 本の中で表示した大さじ1は15cc、小さじ1は5cc、1カップは200ccです。

● 材料の（2人分）とあるのは、できあがりのおおよその分量です。人数で考えにくいものは（作りやすい分量）を表示してあります。

● レシピの材料のオリーブオイルは、特に表示のない限り、エキストラバージン・オリーブオイルです。もちろん、通常のオリーブオイルでも構いませんが、サラダ等の生で使うものや、仕上げ用は、エキストラバージンがおすすめです。

● レシピの中のハーブ、レッドチリはすべて生を使用しています。生がおすすめですが、ドライハーブや乾燥とうがらしで代用可能です。

● レシピの中のパスタは、おいしく食べられる種類を使用していますが、どんなパスタでも代用可能です。

● イタリアのレシピは現地の本来の食材で表記されています。日本で手に入らないものもありますが、ご了承ください。

ANTIPASTI

お酒にも合う、気分がアップする前菜

オレンジサラダ

オレンジと味の濃い魚、ナッツが好相性だとわかる1品。

材料（2人分）
- オレンジ……1個
- チコリ（赤）……30g
- 黄パプリカ……½個
- イタリアンパセリ……適量
- アンチョビ……60g
- アーモンド……30g
- A | オリーブオイル……適量
    塩、粗びき黒こしょう
    ……各少々

作り方
1. オレンジは皮をむき、小房に分けて中身を取り出す。チコリはほぐし、パプリカは1cm幅に切る。パセリはちぎる。
2. 器にすべての材料を盛り付け、Aをまわしかける。

Memo 僕のおすすめは、仕上げにやっぱりパルミジャーノをプラス！　濃厚な味がオレンジの爽やかさを引き立てます。

チェダーチーズの彩りオードブル

色も味わいも豊富で、みんなでワイワイ食べたい前菜。

材料（3〜4人分）
- チェダーチーズ
  （ホールで直径10cmのもの）
  ……200g
- A | プロシュート、アボカド、
    黄・赤パプリカ、
    ミニトマト……各適量
- バルサミコ酢……適量
- 粗びき黒こしょう……少々
- ピクルス（ミニきゅうり）、
  イタリアンパセリ（みじん切り）
  ……各適量

作り方
1. アボカド、パプリカは薄切り、トマトは輪切りにする。チーズは一口大に切る。
2. チーズにAの材料を適宜はさみ、のせてピックでさす。
3. 器に盛り、パセリ、こしょうをふる。ピクルス、バルサミコ酢を添える。

Memo 今回の旅で、すっかりワイン好きになった僕。ぜひ赤ワインと一緒に。バルサミコ酢で味がランクアップします。

トマトサラダ
にんにくが効いたドレッシングでトマトの旨みが引き立つ。

材料（2～3人分）
ミニトマト各種
　……合わせて220～250g
グリーントマト、トマト
　……各1個
A｜にんにくすりおろし
　　……小さじ½
　｜塩……小さじ1
　｜粗びき黒こしょう……少々
　｜オリーブオイル……大さじ2
　｜バルサミコ酢……大さじ1
　｜イタリアンパセリ
　｜（みじん切り）……適量

〈付け合わせ〉
チコリ、ルッコラ、トレビス、
紫玉ねぎ（薄切り）……各適量
パルミジャーノ・レッジャーノ
（すりおろし）、レモン……各適量

作り方
1. グリーントマト、トマトはくし形切りにする。ミニトマトはそのままで。付け合わせの野菜は皿の周りに盛り付けておく。
2. ボウルにAを合わせて各種トマトをすべて入れて和え、1に盛り付ける。パルミジャーノを散らしてレモンを絞る。

Memo グリーントマトはふつうは加熱して食べるけど、僕は生の酸味と苦みが好き。苦手な人はさっと加熱して。

紫キャベツとビーツの温サラダ
野菜がたくさん食べられ、食卓に映える紫色の料理。

材料（2〜3人分）
紫キャベツ……6枚
ビーツ（缶詰）……200g
オリーブオイル……大さじ1
A｜オレンジ皮、ケッパー、
　｜イタリアンパセリ、
　｜ピクルス（ミニきゅうり）、
　｜オレガノ……各適量
B｜赤ワイン、赤ワインビネガー
　｜……各大さじ1
　｜塩……小さじ½
　｜粗びき黒こしょう……少々
シナモンスティック……2本

作り方
1. 紫キャベツは太めの千切りにする。ビーツは水気を切り、同様に千切りにする。オレンジ皮は1cm幅で長めに切り、パセリ、ピクルスはみじん切りにする。
2. フライパンにオリーブオイルを熱し、紫キャベツ、ビーツを炒める。
3. Bを順にふり入れて調味し、火を止めてシナモンスティックを加える。
4. 器に3を盛り、Aをトッピングする。

Memo ケッパーやピクルス、ビネガーの酸味とシナモンスティックの香りづけがポイント！ パーティにおすすめ。

グリーンオリーブと牛ひき肉のフライ

衣にチーズをミックスしたフライは、塩こしょうだけで。

材料（2人分）

- 牛ひき肉……200g
- A
  - 赤ワイン……大さじ1
  - 塩……小さじ¼
  - 粗びき黒こしょう……少々
- グリーンオリーブ（種なし）……30g
- B
  - パン粉……50g
  - パルミジャーノ・レッジャーノ（すりおろし）……20g
- 小麦粉、溶き卵……各適量
- 揚げ油（できれば安くてもいいのでオリーブオイル）……適量
- ルッコラ……適量
- 塩、粗びき黒こしょう……各適量

作り方

1. オリーブはフードプロセッサーなどにかけ、粗みじんに。Bは合わせておく。
2. ボウルにひき肉、A、1のオリーブを入れてよく混ぜ、4等分して丸める。小麦粉、溶き卵、混ぜ合わせたBの順にまぶしていく。揚げ油を170度に熱し、3〜4分ほど揚げる。
3. 皿にルッコラ、2を盛り、塩、こしょうをふる。

Memo フライの衣にチーズを混ぜる技はイタリアでも出合って驚き！ オリーブオイルで揚げることで風味が増します。

ピクルスをプロシュートで巻いて

ささっと作れて意外な味わい深さ。スターターに最適。

材料（2〜3人分）

- ピクルス（速水もこみち著『きみと食べたら、きっと美味しい。』p.73 参照、または市販のもの）……12個（ミニにんじん、ミニきゅうり、セロリ、ヤングコーンなど）
- プロシュート……7〜8枚
- パルミジャーノ・レッジャーノ（ブロック）……適量
- イタリアンパセリ、オリーブオイル、粗びき黒こしょう……各適宜

作り方

1. ピクルスはそれぞれ、プロシュートで巻く。パルミジャーノは包丁でそぐように削る（速水もこみち著『MOCO飯』p.27 参照）。
2. 器にピクルス、パルミジャーノを盛り付ける。食べるときにパセリを小さくちぎり、オリーブオイルをまわしかける。お好みでこしょうをふる。

Memo 生ハムの脂とピクルスが相性抜群。パルミジャーノやパセリでアクセントをつけながら食べると、止まらない。

PRIMI PIATTI

彩りきれいなスープやパスタ、リゾット

ペンネのトマトスープ

野菜をたくさん摂るならやっぱりスープ。定番のトマト味で。

材料（2人分）

- ペンネ……30g
- じゃがいも……1/2個
- にんじん……1/4本
- 紫玉ねぎ……1/6個
- ズッキーニ……1/4本
- 白いんげん豆（水煮缶）……80g
- キャベツ……1枚
- ブロッコリー……40g
- トマト……1個
- トマトソース（瓶詰）……1瓶（290g）
- A ┃ ブイヨンキューブ……1個
    ┃ 赤ワイン……大さじ1
    ┃ 塩、粗びき黒こしょう……各少々
- オリーブオイル……大さじ1
- ペコリーノ・ロマーノ（すりおろし）……適量
- バゲット、オリーブオイル……各適宜

作り方

1. 玉ねぎは粗みじん、じゃがいもは薄い輪切りにする。にんじん、ズッキーニは2cm角に切り、キャベツは千切り、ブロッコリーは小房に分ける。
2. ペンネは表示に従ってゆでる。バゲットはひと口大にちぎり、トーストしておく。
3. 鍋にオリーブオイルを中火で熱し、1の野菜を順に炒め、白いんげん豆も炒める。
4. くし形切りにしたトマト、トマトソース、Aを加えてさらに炒める。水1カップを加えて7〜8分煮る。
5. 4にゆでたペンネを加えてからめ、火を止めてペコリーノを加える。
6. 器に盛り、バゲットをのせ、オリーブオイルをまわしかける。

Memo
ペンネも入った、まさに「食べるスープ」。イタリアのスープはこんな感じで具沢山でした。

サーモンのクリームスープ

魚介のシチューのような、ほっこりやさしい味わいです。

材料（2人分）

ステーキ用サーモン……1切れ
A｜塩、粗びき黒こしょう
　　……各少々
あさり……100g
玉ねぎ……1/8個
じゃがいも……1/2個
にんじん……1/4本
エシャレット……3本
白ワイン、オリーブオイル
　　……各大さじ1
塩……少々

〈クリームスープ〉
バター……20g
小麦粉……10g
ブイヨンスープ……1カップ
牛乳……1.5カップ
生クリーム……1/4カップ

オリーブオイル、フェンネル
　　……各適宜

作り方

1. サーモンは骨を取ってひと口大に切り、Aをまぶしておく。玉ねぎは粗みじんに、じゃがいも、にんじんは2cm角に切る。エシャレットは薄切りにする。
2. 鍋にバター、小麦粉を入れて弱火にかけて絶えず混ぜ、フツフツしてきたらブイヨンスープを加える。よく混ぜて牛乳、生クリームを加える。
3. フライパンにオリーブオイルを熱し、サーモン、あさりを加えて炒め、白ワインをふり入れる。
4. 2のスープに3を加え、1の野菜を加える。弱めの中火で7分ほど煮る。塩で味を調える。
5. 器に盛り、フェンネルをのせ、オリーブオイルをまわしかける。

Memo 鮭は大きめにカットして、食べごたえあるスープに。子供も好きな味だと思います。

トリュフとマッシュルームのラビオリ

贅沢な素材ですが、まさにリストランテの味を家でも実現。

材料（2人分）

〈ラビオリ生地〉（餃子の皮でも可）
（10×10cm 正方形、
約 20 枚分）
薄力粉、強力粉……各 50g
卵……1 個
オリーブオイル……小さじ 1
塩……ひとつまみ

〈具材〉
ブラウンマッシュルーム……30g
トリュフ、バジル……各 10g
リコッタチーズ……80g

〈トッピング〉
チコリ（赤）……2 枚
レッドチリ（小口切り）、
イタリアンパセリ……各適量
レモン……適量

オリーブオイル、塩、
粗びき黒こしょう……各適量

作り方

1. ボウルに粉、塩を入れ、中心に割りほぐした卵、オリーブオイルを加えて箸などで混ぜる。まとまってきたら手でこね、丸めてラップをして冷蔵庫で1時間ほど冷やす。
2. 1の生地をパスタマシーンなどでのばし、10cm角に切る。
3. マッシュルーム、バジルはみじん切りにする。トリュフはすりおろす。ボウルに具材をすべて合わせておく。
4. 2の生地に3を適量のせて三角に折りたたみ、2辺に指で水をつけて閉じる。3つの先端を合わせて、食べやすくたたむ。鍋に湯を沸かし、パスタ同様に塩（分量外）を入れ、3分ほどゆでる。
5. 器に盛り、トッピングをする。オリーブオイル、塩、こしょうをまわしかける。

Memo 具材の味を損なわないように、ラビオリはできるだけシンプルな味つけで。チリ好きな僕は、スパイシーに。

いんげん豆とコーンのクリーミースープ
にんにくの風味でいただく、野菜だけのヘルシーなひと皿。

材料（2人分）
白いんげん豆（水煮缶）
　……100g
コーン（缶詰）……60g
A｜オリーブオイル
　　……¼カップ
　｜にんにく……1片
セロリ……½本
にんじん……¼本
ズッキーニ……¼本
ベーコン（ブロック）……70g
オレガノ……3〜4枝

〈ソース〉
バター……20g
小麦粉……10g
牛乳……2カップ
生クリーム……½カップ
塩……小さじ½

ナツメグ、パプリカ（粉末）
　……各適量
ライム……適宜

作り方
1. Aのにんにくは半分に切り、包丁でつぶす。セロリ、にんじん、ズッキーニ、ベーコンは2cm角に切る。ライムはいちょう切りにする。
2. 鍋にバターを中火で熱し、小麦粉を加える。絶えずかき混ぜ、フツフツしてきたら牛乳を少しずつ加え、溶きのばす。生クリームを加える。
3. フライパンにAを熱し、香りが立ったらいんげん豆、オレガノを加えて炒める。油を切って、豆とオレガノは取り出しておく。
4. 同じフライパンでベーコン、残りの野菜を中火で炒める。
5. 2の鍋に3、4を加え5分ほど煮て、塩で味を調える。
6. 器によそい、ナツメグ、パプリカ、ライムをトッピングする。

Memo 野菜をたっぷり食べられる、白いミネストローネ風です。パプリカとナツメグで、色と味にパンチを足して。

パンチェッタとなすのオイルソースパスタ
カリカリにしたパンチェッタの食感と塩気が味の決め手です。

材料（2～3人分）
パッパルデッレ……220g
パンチェッタ
（なければ厚切りベーコン）……160g
なす……2本
しめじ……100g
タイム……3～4枝
オリーブオイル……大さじ1
塩、粗びき黒こしょう……各少々
バジル、揚げ油……各適量
パルミジャーノ・レッジャーノ
（すりおろし）……適量

作り方
1　パッパルデッレは表示に従ってゆでる。バジルは素揚げする。
2　パンチェッタは1cm幅に切る。なすは薄い輪切り、しめじはほぐしておく。
3　フライパンにオリーブオイルを熱し、パンチェッタをカリカリになるまで炒める。油を残してパンチェッタは取り出す。
4　同じフライパンでしめじ、なすを中火で炒め、タイムの葉をちぎって加える。塩、こしょうをふる。
5　ゆでたパスタを加え、パンチェッタを戻し、塩、こしょうで調味して、よくからめる。
6　器に盛り、バジルをのせ、パルミジャーノをふる。

Memo パンチェッタの塩味はいろいろなので、確認しながら味つけして。きのことなす、大好きな組み合わせのパスタ。

ゴルゴンゾーラのシェルパスタ トマトソースで

チーズ味パスタにトマトソースをからめた、濃厚テイスト。

材料（2人分）

- シェルパスタ（コンキリエ）……120g
- ベーコン（ブロック）……40g
- にんじん……1/4本
- 紫玉ねぎ……1/4個
- にんにく……1/2片
- トマト水煮缶（ダイス）……1/2缶
- オリーブオイル……大さじ1
- 塩、粗びき黒こしょう……各少々
- A｜ゴルゴンゾーラ（粗みじん切り）……100g
  　 パルミジャーノ・レッジャーノ（すりおろし）……大さじ3〜4
- バジル、オリーブオイル……各適量

作り方

1. パスタは表示に従ってゆで、熱いうちにAをからめておく。
2. にんにく、玉ねぎはみじん切りにする。ベーコン、にんじんは5mm角に切る。
3. フライパンにオリーブオイル、にんにくを入れて中火にかけ、香りが立ったら玉ねぎ、ベーコン、にんじんを炒める。
4. トマトの水煮を加えて炒め、塩、こしょうで味を調える。
5. 1のパスタにかけて、バジルをちぎって散らし、オリーブオイルをまわしかける。

Memo パスタにゴルゴンゾーラをからめて。見かけとは違う、深い味のトマトソースになるところがミソ！

エビとイカのトマトソースのタリアテッレ

魚介のパスタはやっぱりトマトソースで。

材料（2人分）
タリアテッレ……160g
有頭エビ……4尾
ヤリイカ……2はい
アンチョビ……30g
にんにく……1片
トマトソース（瓶詰）
　……1瓶（290g）
オレガノ……4〜5枝
赤ワイン……大さじ2
オリーブオイル……大さじ1
塩……小さじ1/2
粗びき黒こしょう……少々
ブラックオリーブ（種なし）
　……20g

作り方
1. タリアテッレは表示に従ってゆでる。
2. エビは頭と尾を残し殻をむく。イカは輪切りにする。にんにく、アンチョビはみじん切りにする。
3. フライパンにオリーブオイル、にんにくを入れて中火にかけ、香りが立ったらアンチョビを炒める。
4. トマトソース、オレガノ、塩、こしょうを加えて少し煮詰める。
5. エビ、イカ、赤ワインを加え5分ほど煮詰める。火を止めてオリーブを加える。
6. パスタに5のソースをかけて、好みでオリーブオイル（分量外）をまわしかける。

Memo エビは頭からもダシが出るので、できるだけ有頭で作ってほしい。ブラックオリーブで味が一気に本格派に。

ミートフライをのせたパスタ

ナッツとレーズンが入った肉のフライがポイント。

材料（2人分）
フェットチーネ……160g
豚肩ロース（ブロック）
　……200g
A｜干しぶどう……10g
　｜アーモンド……20g
　｜赤ワインビネガー、
　｜ウスターソース
　｜　……各大さじ½
　｜ナツメグ……少々
B｜パン粉……50g
　｜パルミジャーノ・
　｜レッジャーノ（すりおろし）
　｜　……20g
小麦粉、溶き卵、揚げ油
　……各適量
ホワイト、ブラウンマッシュルーム……各3～4個
バター……20g
ローズマリー（枝）、
パルミジャーノ・レッジャーノ
（すりおろし）……各適量

〈ソース〉
トマト水煮缶（ダイス）……1缶
タイム、バジル……各3～4枝
にんにく（みじん切り）
　……小さじ1
オリーブオイル……大さじ1
塩……小さじ¾
粗びき黒こしょう……少々

作り方
1. 豚肉は粗めに切ってフードプロセッサーに入れ、細かくする。Aを加えてさらにプロセッサーにかけ、4等分の細長い俵型にする。Bは合わせておく。
2. 小麦粉、溶き卵、混ぜ合わせたBの順に衣をつけ、170度の油で4～5分ほど揚げる。このとき、ローズマリーも素揚げする。
3. フェットチーネは表示に従ってゆでる。
4. フライパンにバターを熱し、4等分に切ったマッシュルームを炒め、3にからめて器に盛る。
5. フライパンをさっと拭き、オリーブオイル、にんにくを加えて中火にかけ、香りが立ったら、トマト水煮、タイム、バジルをちぎって加える。塩、こしょうで味を調える。
6. 4にフライをのせ、5のソースをかける。パルミジャーノをふり、揚げたローズマリーを飾る。

Memo 肉は市販のひき肉でも、もちろん可。ひき肉にレーズンやナッツを入れるのはパレルモで学びました。美味！

MOCO流ラザニア

食堂の定番メニュー。ホワイトソースなしでさっぱりと。

材料（23×23cm耐熱容器1台分）

ラザニア……8枚
牛ひき肉……400g
ベーコン（ブロック）……200g
にんにく……1片
オリーブオイル……大さじ1
A｜タイム、オレガノ
　　……各3〜4枝
　｜塩……小さじ1
　｜粗びき黒こしょう……少々

〈ソース〉
セロリ……½本
ズッキーニ……1本
エシャレット……6本
にんにく……1片
バジル……7〜8枚
トマト水煮缶（ダイス）……1缶
オリーブオイル……大さじ1
塩、粗びき黒こしょう……各少々

バター……適量
B｜パルミジャーノ・レッジャーノ、
　｜ペコリーノ・ロマーノ
　｜（すりおろし）
　　……各大さじ3〜4
　｜モッツアレラチーズ……120g

イタリアンパセリ（みじん切り）
　……適量

作り方

1 ラザニアは、表示より1分ほど短めにゆでておく。
2 ベーコン、にんにく、タイム、オレガノは粗みじんに切る。フライパンにオリーブオイル、にんにくを中火で熱し、ベーコン、牛ひき肉を炒める。
3 肉の色が変わってきたら、Aを加えて調味する。
4 ソースを作る。セロリはみじん切り、ズッキーニは薄い半月切りにする。エシャレット、にんにくは薄切りにする。
5 フライパンにオリーブオイル、にんにく、エシャレットを入れて中火で炒め、香りが立ったらセロリ、ズッキーニを加えて炒める。
6 トマト水煮、バジルを加えて炒め、塩、こしょうで調味する。
7 耐熱容器にバターを塗り、ラザニア、3、ソースの順にのせていく。これをあと2回繰り返す。最後にラザニアをのせ、Bのモッツアレラをちぎって散らし、残りのチーズは全体にふり、180度に予熱したオーブンで25〜30分焼く。
8 パセリを散らし、粗熱が取れたら切り分ける。

Memo 中のソースに野菜もたっぷり、がMOCO流。2〜3種類のチーズを合わせて使うと、味に奥行きが出ます。

ポルチーニリゾット

ポルチーニが香り立ち、エリンギもプラスされて満足感大。

材料（2人分）
- ポルチーニ茸（乾燥）……70g
- エシャレット……6本
- セロリ……½本
- エリンギ……50g
- リゾット米……1カップ
- オリーブオイル……大さじ1
- 白ワイン……½カップ
- A | コンソメ顆粒……小さじ1
    | 塩、粗びき黒こしょう……各少々
- パルミジャーノ・レッジャーノ（すりおろし）……適量

作り方
1. ポルチーニ茸は水1カップにつけて戻し、水気を切って粗みじんに切る。戻した水はとっておく。エシャレット、セロリも粗みじんに切る。
2. エリンギは縦に薄切りにし、グリルで焼いておく。粗熱が取れたら割いておく。
3. フライパンにオリーブオイルを中火で熱し、1の野菜を炒め、リゾット米を加える。
4. 米を炒めながら白ワインを2～3回に分けてふり入れ、A、1の戻し汁、水1カップを加える。沸騰したら弱火にし、10分ほど煮る。水1カップぐらいを2～3回に分けて加え、さらに10分煮る。
5. 火を止めてパルミジャーノを大さじ4～5加え、混ぜる。
6. 器に盛り、2のエリンギをのせ、パルミジャーノをたっぷりふる。

Memo 本場のポルチーニリゾットはすごくシンプルな味でした。僕のはエリンギを足して、日本人がより好きな感じに。

かぼちゃのクリームリゾット

かぼちゃのほのかな甘さを楽しむ、まろやかなリゾット。

材料（2人分）
- かぼちゃ……100g
- エシャレット……6本
- にんにく……½片
- マッシュルーム……100g
- リゾット米……1カップ
- オリーブオイル……大さじ2
- 塩、粗びき黒こしょう……各少々
- A | コンソメ（顆粒）……小さじ1
    | 塩……小さじ1
    | 粗びき黒こしょう……少々
- パルミジャーノ・レッジャーノ（すりおろし）、イタリアンパセリ（みじん切り）……各適量
- パプリカパウダー、バゲット（薄切り）……各適宜

作り方
1. かぼちゃは2cm角に切る。エシャレット、にんにく、マッシュルームは薄切りにする。
2. フライパンにオリーブオイル大さじ1、にんにく、エシャレットを入れて中火で炒め、かぼちゃを加えてさらに炒める。塩、こしょう、水1カップを加えて7分ほど煮る。
3. 火を止めて粗熱を取り、ミキサーなどで撹拌する。
4. 鍋に残りのオリーブオイルを熱し、米、マッシュルームを加えて炒め、水1カップとAを加える。
5. 水分がなくなってきたら水2カップを2～3回に分けて加え、弱火で20分ほど煮る。途中水分がなくなるようなら¼カップを目安に水を足す。
6. 3のかぼちゃを加えて混ぜ、器に盛る。パルミジャーノ、パセリ、パプリカをふり、トーストしたバゲットを半分に割ってさす。

Memo かぼちゃ、女子は大好きですよね？ だから考えてみました（笑）。クリーミーなかぼちゃ、絶対気に入るはず！

SECONDI PIATTI

MOCO飯の本領発揮! メイン料理

フィレのサイコロステーキ バルサミコソース

お好みのソースで、野菜もたっぷり食べられる肉料理。

材料（2〜3人分）

フィレステーキ肉
　……2枚（500g）
A｜塩……小さじ¾
　｜粗びき黒こしょう……少々
オリーブオイル……大さじ1
にんにく（薄切り）……2片
赤ワイン……大さじ1
バルサミコ酢……小さじ2
ライム……3個

〈付け合わせ〉
ベビーリーフ、エンダイブ、
プリーツレタス、トレビス、
紫玉ねぎ（薄切り）……各適量

〈ソース〉……各適量
1 粒マスタード
2 スイートチリソース
3 マヨネーズ（輸入物）、
　粗びき黒こしょう
4 ケチャップ、
　粗びき黒こしょう、
　レッドチリ（斜め薄切り）
5 BBQソース

作り方

1. 肉は4〜5cm角に切り、Aをもみ込んでおく。ライムは横半分に切り、そのうち5つは中をくり抜く。1〜5のソースを詰める。
2. フライパンにオリーブオイルを強火で熱し、肉を焼く。
3. 肉の色が変わったらにんにくを加え、赤ワインをふり入れる。
4. 火を止めて、バルサミコ酢、残ったライムを絞り入れる。
5. 器に付け合わせの野菜と1のライムを盛り付け、肉、にんにくをのせる。

Memo 上等なお肉に、バルサミコとにんにくを効かせて、好みのソースで食べてほしい。パーティなどで、ぜひ。

スズキのハーブソテー
揚げごぼう&野菜添え
白身魚はハーブとバターの香りで。

材料（2人分）
スズキ……2切れ
A｜タイム、ローズマリー
　　（ちぎる）……各2枝
　　塩、粗びき黒こしょう
　　……各少々
にんにく……½片
にんじん、セロリ……各½本
ごぼう……¼本
オリーブオイル……大さじ1
バター……10g
塩……少々
レッドチリ、揚げ油……各適量

作り方
1 スズキはAをもみ込んでおく。
2 にんにくは薄切り、レッドチリは小口切りにする。にんじん、セロリは10cm長さの拍子木切りにする。
3 ごぼうはささがきにし、冷水に5分ほど放す。水気をよく拭き取る。
4 揚げ油を180度に熱し、3を素揚げする。
5 フライパンにオリーブオイル、バター、にんにくを入れて中火で熱し、香りが立ったら1の両面を各5分ほど焼く。フライパンの端ににんじん、セロリを入れて一緒にソテーする。
6 器にそれぞれを盛り付け、野菜に軽く塩をする。チリを散らす。

Memo イタリアンの魚料理ってシンプルな味つけも多いので。ハーブとにんにく、仕上げはやっぱりチリで！(笑)

ポークソテー ライス添え

香ばしい豚肉をライスと一緒にがっつり！な1品。

材料（2人分）
- トンカツ用豚肉……2枚
- にんにく……1片
- タイム……2～3枝
- オリーブオイル……大さじ1
- タイ米……200g
- にんじん……¼本
- いんげん……5～6本
- 紫玉ねぎ……¼個
- 塩、粗びき黒こしょう……各少々

作り方
1. 豚肉に塩、こしょうをふる。にんにく、玉ねぎは薄切りにする。にんじんは1cm角に切り、いんげんと共にゆでておく。
2. フライパンにオリーブオイル、にんにくを入れて中火にかけ、きつね色になったら取り出しておく。同じフライパンで、肉にタイムをのせ、両面をきつね色になるまで各4～5分焼く。
3. タイ米は炊いておく。にんじんを混ぜて器に盛り、いんげん、玉ねぎを添える。
4. 2の肉をのせ、にんにくを散らす。

Memo 厚めの豚肉は、こんな風にタイ米と一緒に。これひと皿で大満足になれること、間違いなし。

ムール貝と手長エビの
ガーリック&ワイン蒸し

大人数で囲みたい、意外に簡単なのに華やかな人気レシピ。

材料（3〜4人分）
ムール貝……300g
手長エビ（ブラックタイガー、大正エビでも可）……5〜6尾
ミニトマト……200g
にんにく……5片
オリーブオイル……大さじ1
塩、粗びき黒こしょう……各少々
白ワイン……½カップ
レモン……1個
イタリアンパセリ……適量
バゲット、オリーブオイル……適宜

作り方
1. にんにく、パセリは粗みじん切り、レモンはくし形切りにする。バゲットはスライスしてオリーブオイル適量をふりかけ、トーストしておく。
2. 鍋にオリーブオイル大さじ1を強火で熱し、ムール貝、エビを入れて炒める。
3. 白ワインの半量、塩、こしょうをふり、蓋をして2分ほど蒸す。
4. にんにく、残りのワインを加えて蓋をし、さらに3〜4分蒸す。
5. ミニトマトを加えて1〜2分蒸す。
6. レモン、パセリをふり、バゲットをちぎって入れ、オリーブオイル適量をまわしかける。

Memo 大好きなムール貝をたくさん食べたくて考えたレシピです。魚介の旨みも出たスープでバゲットも進むはず。

サーロインステーキと数種のきのこソテー

おいしい肉から出た肉汁で、きのこもたっぷり食べて。

材料（2人分）
- ステーキ用サーロイン……1枚（200g）
- B
  - しいたけ……3枚
  - ジロール茸……80g
  - ポットベラ……½個
  - エリンギ、白マイタケ……各60g
- にんにく……1片
- オリーブオイル……大さじ1
- 塩、粗びき黒こしょう……各少々
- バター……20g
- イタリアンパセリ、レッドチリ、レモン……各適量

作り方
1. 牛肉は室温に30分ほど置き、塩、こしょうをまぶしておく。にんにくは薄切りにする。パセリはみじん切り、チリは小口切りにする。
2. しいたけは4等分に切る。エリンギは縦に薄切りにし、割いておく。Bの他のきのこは食べやすい大きさに切ったり、割いたりする。
3. グリルパンにオリーブオイル、にんにくを入れて中火で熱し、きつね色になったら取り出しておく。強火にして、肉を両面各1分ずつ焼く。
4. まな板にパセリ、肉をのせてオリーブオイル（分量外）をまわしかけ、なじませる。粗熱が取れたらスライスし、塩、こしょうで調味する。
5. フライパンにバターを熱し、2をソテーする。
6. 器に5を盛り、肉をのせ、チリ、にんにく、パセリをふる。レモンを絞る。

Memo これもできるだけ良いお肉がベスト。あとの材料はシンプルに、気分に合わせていろいろ試してみて。

骨付き鶏もも肉とポレンタ

北イタリアの伝統食ポレンタを、鶏肉と一緒に。

材料（2人分）

- 骨付き鶏もも肉……2本
- A
  - にんにく（すりおろし）……大さじ1
  - ケチャップ……大さじ4
  - ウスターソース……大さじ3
  - 赤ワイン……大さじ1
  - はちみつ、砂糖……各大さじ½
- 塩、粗びき黒こしょう……各少々
- ポレンタ粉……160g
- 牛乳……¾カップ
- オリーブオイル……大さじ2
- バター……40g
- 塩……小さじ1
- レッドチリ（小口切り）、イタリアンパセリ（みじん切り）……各適量

作り方

1. 鶏肉は合わせたAに5分ほどつけておく。
2. グリルパンにオリーブオイルを熱し、1を中火で焼く。裏返して弱火にし、途中アルミホイルをかぶせて10〜15分焼く。
3. 鍋に水3.5カップと塩を入れて沸かし、ポレンタ粉を加え手早くかき混ぜる。牛乳を少しずつ加え、20分ほど弱火でつやが出るまで絶えず混ぜる。
4. バターを加えて溶かし、器に盛る。
5. 鶏肉をのせ、チリ、パセリをふり、バター（分量外）をのせる。

Memo とうもろこしの粉でできたポレンタは、やさしい味わいなので、しっかりした味つけの肉とベストマッチ!!

Piatti Unici

大満足のワンプレートディッシュ

イタリアントマトカリー

カレー風味だけどしっかりイタリアンなごはんもの。

材料（2人分）
エビ……6尾
にんにく……1片
エシャレット……7本
紫玉ねぎ……1/2個
にんじん……1/3本
ブラウンマッシュルーム
　……6個
バジル……4〜5枝
トマトソース（瓶詰）
　……1瓶（290g）
オリーブオイル……大さじ1

A｜クミン、パプリカ
　　……各大さじ1/2
　｜ターメリック……小さじ1/2
　｜塩……小さじ3/4
タイ米……200g
B｜グリーンピース（缶詰）
　　……50g
　｜塩、粗びき黒こしょう
　　……各少々
レモン、イタリアンパセリ（みじん切り）、青唐辛子（小口切り）
　……各適量

作り方

1　にんにく、エシャレットは薄切りにする。紫玉ねぎは粗みじん、にんじんは2cm角に切る。マッシュルームは4等分に切る。
2　フライパンにオリーブオイル、にんにく、エシャレットを入れて中火にかけ、香りが立ったら残りの1を加え、炒める。
3　トマトソースを加えて煮立て、バジルをちぎって加える。
4　殻と背わたを除いたエビ、Aを加えて調味する。
5　タイ米を炊き、Bを混ぜる。
6　皿に5とカレーを盛り、パセリ、青唐辛子を散らす。ごはんにレモンを絞る。

Memo トラットリアにこんなカレーがあったらうれしいな、と思って考えました。スパイスで食欲もアップします。

モーニングトースト シャンパンカクテルと共に
朝からシャンパン？ はい、イタリアでは「あり」です。

材料（1人分）

カンパーニュ（厚み約4cm）
　……2枚
ベーコン……2枚
スライスチーズ……2枚
オリーブオイル……大さじ1
ザクロ、イタリアンパセリ、
　粗びき黒こしょう……各適量
ローズマリー（飾り用）……適宜

〈シャンパンカクテル〉
クランベリージュース……50cc
シャンパン……100cc

作り方

1. カンパーニュはオリーブオイル適量（分量外）をふりかけ、チーズをのせてトーストする。
2. フライパンにオリーブオイルを中火で熱し、ベーコンを焼く。
3. 器に1のパンを立てて盛り付け、ベーコンをのせる。ローズマリーをさし、刻んだパセリ、こしょうをふる。ザクロを散らす。
4. グラスにジュース、シャンパンを注ぐ。

Memo ザクロとクランベリージュースのピンクがきれいでしょ？　こんなおしゃれな朝食、休日にぜひトライして。

フィッシュフライのパニーニサンド

これは気軽なランチに最適。白身フライをスタイリッシュに。

材料（2人分）

たら……2切れ
パニーニ……2枚
塩、粗びき黒こしょう……各少々
A｜中びきパン粉……30g
　｜パルミジャーノ・
　｜レッジャーノ……大さじ1
小麦粉、溶き卵、揚げ油
　……各適量
チェダーチーズ……2枚
ルッコラ、ザクロ……各適量

〈ソース〉（作りやすい分量）
ゆで卵……1個
セロリ……1/3本
エシャレット……1本
マヨネーズ……大さじ5
粒マスタード、オリーブオイル
　……各大さじ1

作り方

1. たらは塩、こしょうをし、小麦粉、溶き卵、混ぜ合わせたAの順につける。揚げ油を170度に熱し、5分ほど揚げる。
2. ボウルにゆで卵を入れ、フォークでつぶす。セロリ、エシャレットをみじん切りにして加え、残りのソースの具材を加えてよく混ぜる。
3. パニーニはトーストし、2枚にスライスする。チーズ、ルッコラ、1をのせてソースをかけ、ザクロを散らし、はさむ。

Memo このフライもパン粉にチーズを混ぜて。モーニングトースト同様、ザクロはぜひ用意してほしい食材です。

サラダピッツア

薄い生地に野菜たっぷり！　ピザにしては低カロリーなのもうれしい。

ピザ生地（市販の冷凍生地でも可）
材料（直径25cmの丸型1枚分）
強力粉……250g
A｜ぬるま湯……160cc
　｜塩……小さじ¾
　｜砂糖……大さじ1
　｜ドライイースト……小さじ1
　｜オリーブオイル……大さじ2

作り方
1. Aは合わせてよく溶いておく。ボウルに強力粉を入れ、Aを加えてへらなどで混ぜる。ひとまとまりになってきたら、手でなめらかになるまで約5分混ぜる。
2. ボウルに戻し、ラップをして1時間ほど温かいところに置いて発酵させる。
3. ガス抜きをして丸め直し、10分ほど置く。直径25cmを目安に麺棒でのばす。
4. 220度に予熱したオーブンで10分ほど焼く。

〈トッピング〉
材料（直径25cmのピザ1枚分）
A｜パルミジャーノ・レッジャーノ、
　｜ペコリーノ・ロマーノ（すりおろし）
　｜……各大さじ3〜4
　｜ベーコン（薄切り）……4枚
　｜塩、粗びき黒こしょう……各少々

ルッコラ……20g
エンダイブ……10g
トレビス……½枚
エシャレット……3本
ブラックオリーブ（輪切り）、
レモン、オリーブオイル
　……各適量

作り方
1. ピザ生地にベーコンをウェーブ状にのせ、Aの残りの材料をのせる。
2. 220度に予熱したオーブンで7分焼く。
3. エシャレットは薄切り、残りの野菜は食べやすくちぎり、2にトッピングする。
4. オリーブを散らし、オリーブオイルをまわしかけ、レモンを絞る。

Memo ベーコンはパンチェッタや生ハムでも可。たくさん野菜を食べられるから、これ絶対女性が好き！

シチリア風ピッツア

シンプルテイストなので、
ぺろりと食べられるピザです。

ピザ生地（市販の冷凍生地でも可）
材料（20×15cmの四角型2枚分）
強力粉……250g
A｜ぬるま湯……160cc
　｜塩……小さじ¾
　｜砂糖……大さじ1
　｜ドライイースト……小さじ1
　｜オリーブオイル……大さじ2

作り方
1〜2 上記参照
3. ガス抜きをして2等分に分け、20×15cm目安の四角にのばす。
4. 220度に予熱したオーブンで10分ほど焼く。

〈トッピング〉
材料（20×20cmの四角型1枚分）
あさり（殻付き）……150g
ヤリイカ（冷凍可）……1ぱい
スモークサーモン……40g
A｜タイム、オレガノ……各適量
　｜オリーブオイル……大さじ2〜3
　｜塩、粗びき黒こしょう……各少々

モッツアレラチーズ……50g
パルミジャーノ・レッジャーノ（すりおろし）、バジル……各適量

作り方
1. イカは輪切りにする。タイム、オレガノはちぎる。
2. ピザ生地に1とあさり、手でちぎったサーモン、Aをのせて、モッツアレラチーズもちぎって散らす。
3. 220度に予熱したオーブンで10分ほど焼く。
4. パルミジャーノ、ちぎったバジルを散らす。

Memo シチリアのピッツアは四角。大好きな魚介をのせて、いっそうシチリア風にしてみました。

DOLCI
やっぱり欠かせないデザート

メレンゲのパーティ
ナッツとキャラメルソース、チョコ、オレンジが絶妙ハーモニー。

材料（作りやすい分量）
〈メレンゲ〉
卵白……4個分
グラニュー糖……180g

〈トッピング〉
板チョコ、粉糖、オレンジ皮、
キャラメルソース……各適量
クルミ、ピーカンナッツ、
ピスタチオ……各30g

作り方
1. メレンゲを作る。ボウルに卵白を入れて、角が立つまで泡立てる。グラニュー糖を加えてつやが出るまでさらに泡立てる。
2. 100度に予熱したオーブンの天板にクッキングシートを敷き、1をスプーンなどですくい落とす。1時間半焼く。そのままオーブン内で冷ます。
3. 板チョコは包丁で削り、オレンジ皮はすりおろす。ナッツ類は袋に入れて麺棒などで砕く。
4. 器にメレンゲを盛り付け、3をトッピングし、キャラメルソースをかけ、粉糖をふる。

Memo 見かけは豪快だけど、食べたら、すっごくおいしいんです！ みんなで集まって手づかみで、が気分。

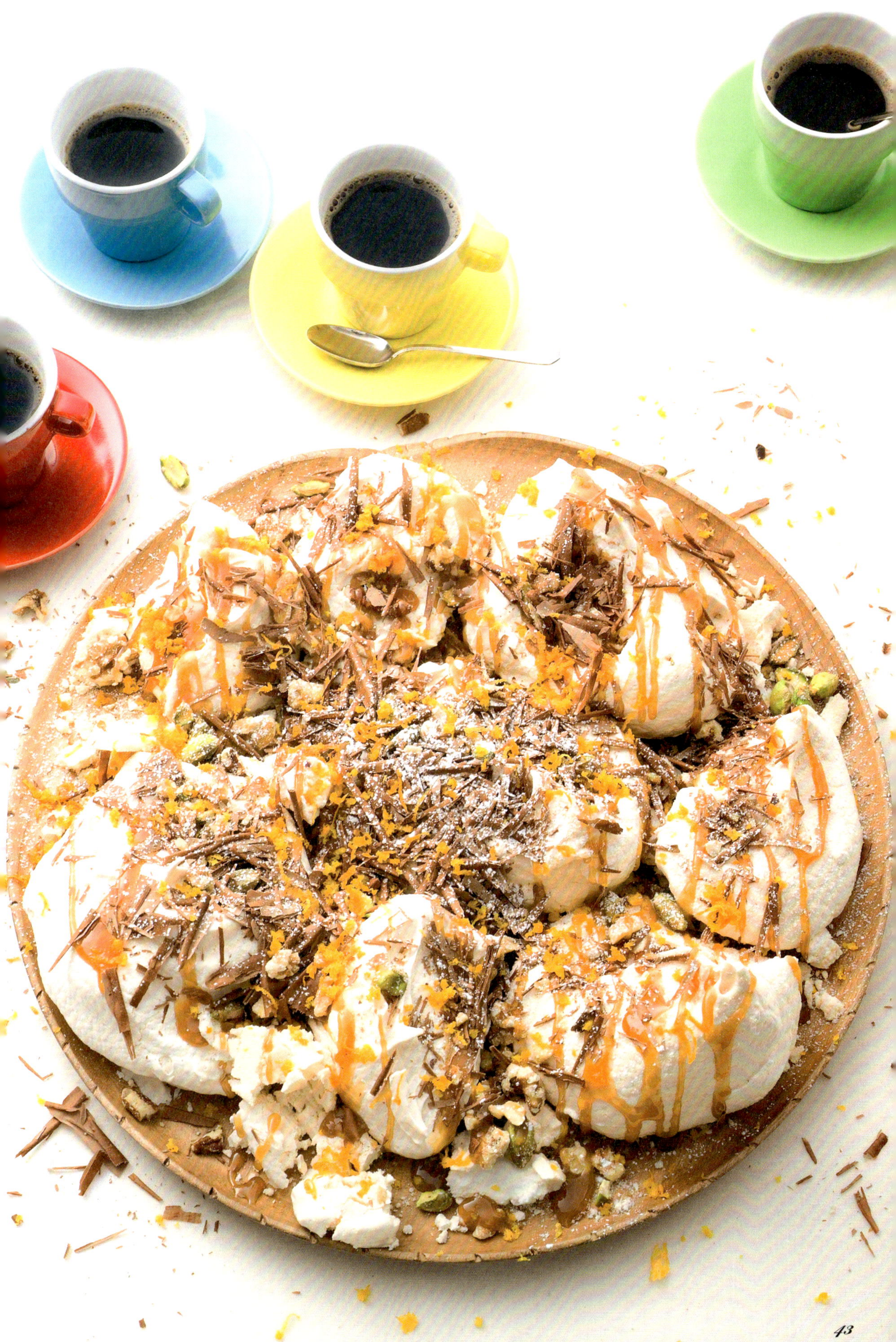

ティラミス

材料さえ揃えれば、失敗がないデザートの王様。ひとり占めしたい人は、ワッフルコーンで。

材料（作りやすい分量）
マスカルポーネチーズ……200g
生クリーム……200cc
砂糖……70g
フィンガービスケット……40g
ワッフルコーン（好みで）……適量

A｜インスタントコーヒー
　　……大さじ1
　｜湯……1/3カップ
　｜ラム酒……小さじ1
ココアパウダー、ミント
　　……各適量

作り方
1. マスカルポーネチーズは室温に戻しておく。
2. Aは合わせて溶く。器にフィンガービスケットを入れ、Aをしみ込ませる。
3. ボウルに生クリーム、砂糖を加えて泡立て、1を加え、混ぜる。2に流し入れ、冷蔵庫で30分ほど冷やす。
4. ココアパウダーをふり、ミントを飾る。ワッフルコーンに入れても。

Memo イタリアンデザートの"鉄板"にチャレンジ。僕だったら、こんな風にコーンに入れて食感を変えて楽しみたい。

イチジクとラズベリーの
チョコアイスクレープ
ストロベリーソースで

甘いソースにラズベリーの酸味が加わって大人味に。

材料（2人分）

〈生地〉
薄力粉……100g
卵……2個
牛乳……250g
砂糖……30g
溶かしバター……30g

〈ソース〉
いちご……12粒
砂糖……60g
ブランデー……大さじ1

〈トッピング〉
イチジク（くし形切り）、ラズベリー、
チョコレートアイスクリーム、
ミント、粉糖……各適量

作り方

1. 生地を作る。ボウルに薄力粉、砂糖を合わせる。割りほぐした卵、牛乳を加えてよく混ぜ、溶かしバターを加える。冷蔵庫で30分ほど寝かす。
2. フライパンにバター少々（分量外）を中火で熱し、1の生地をお玉1杯分ほど流してきつね色になるまで両面を焼く。同様に残りも焼く。
3. ソースを作る。小鍋にいちご、砂糖を加えて火にかけ、木べらなどでつぶしながら煮詰める。ブランデーを加えて火を止める。
4. 器にクレープをたたんでのせ、イチジク、アイスクリームをトッピング。
5. ラズベリーをのせてソースをかけ、粉糖、ミントを飾る。

Memo ラズベリーとイチジク、いちご、フルーツたっぷり。チョコアイスを加えたら、もう間違いないですよね！

COCKTAIL
MOCO特製カクテル

オレンジブロッサム
オレンジとチェリーの色がきれい。シナモン風味もポイント。

材料（作りやすい分量）
ドライジン……80cc
100%オレンジジュース……100cc
ガス入りミネラルウォーター……150cc
オレンジ……1/2個
チェリー（缶詰）……7～8粒
シナモンスティック……1本
氷……適量

作り方
1. オレンジは皮を削り、さらに小さくちぎる。実は小房に分け、ざく切りにする。チェリーは粗みじんに切る。
2. シェーカーにシナモンスティック以外のすべての材料を入れ、よく振る。
3. グラスに注ぎ、シナモンを飾る。

Memo ちょっとカクテルレシピも作ってみました。春先なら旬のオレンジを使って、こんな爽やか系はどうでしょう？

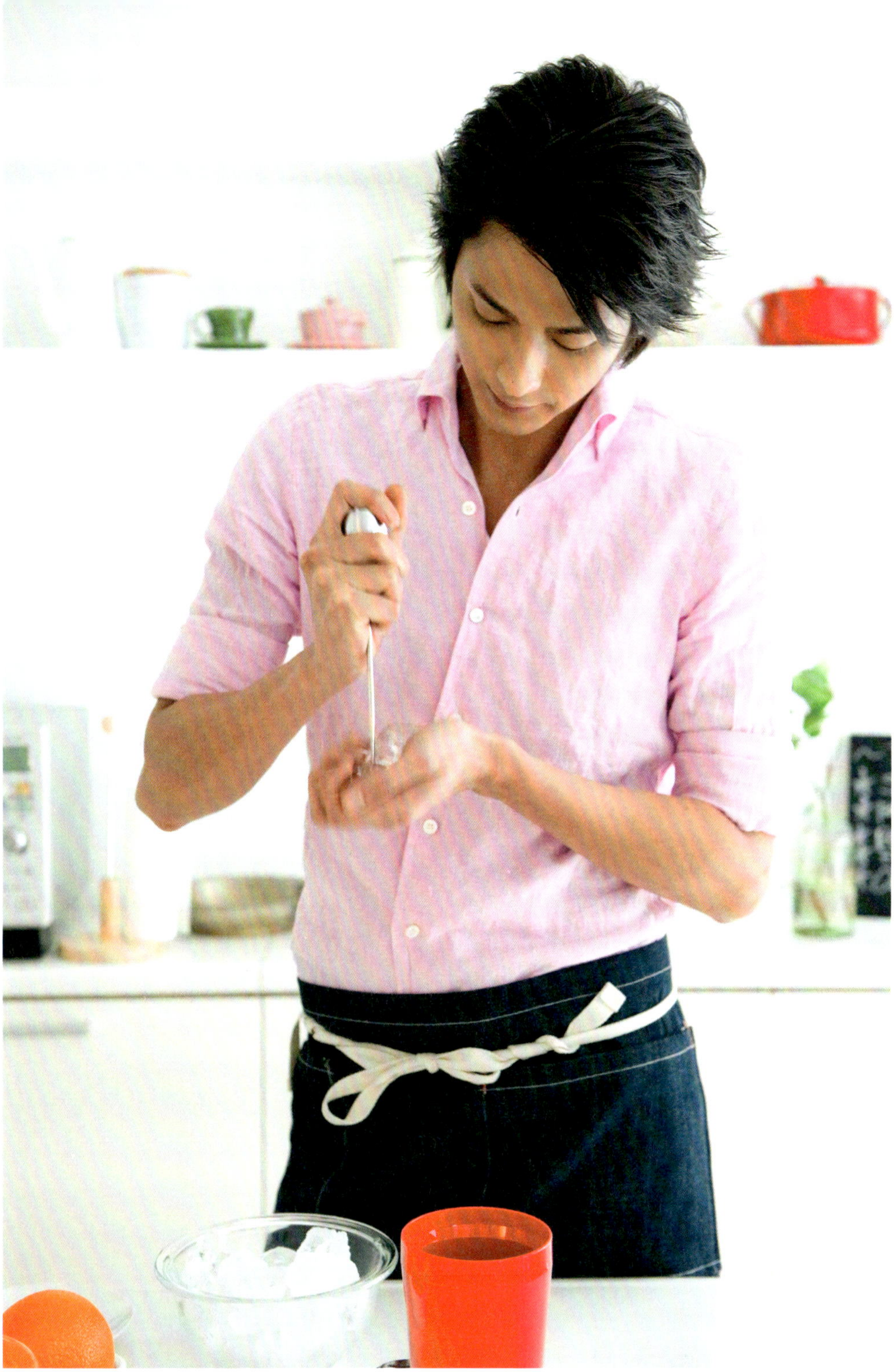

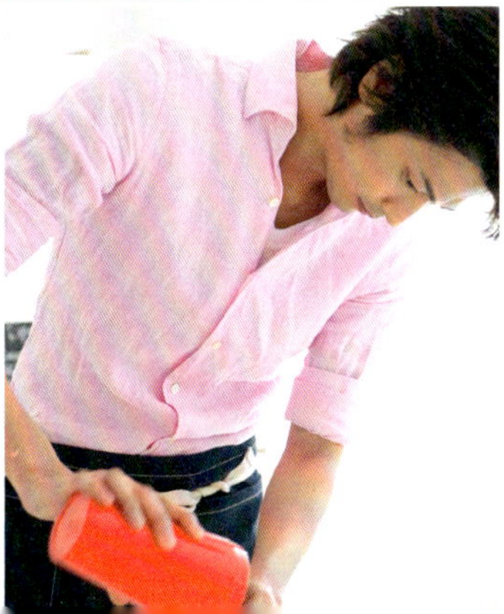

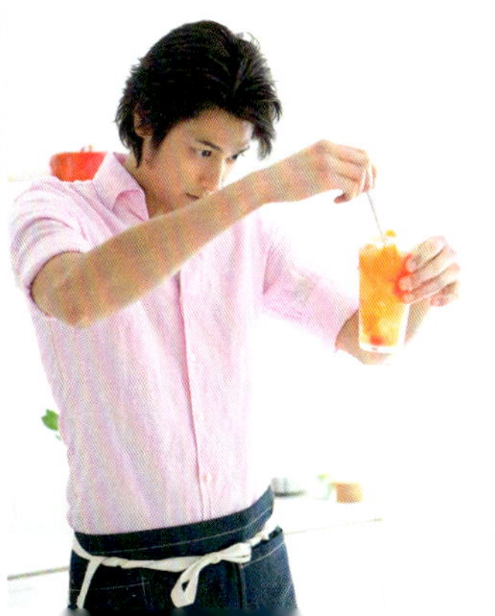

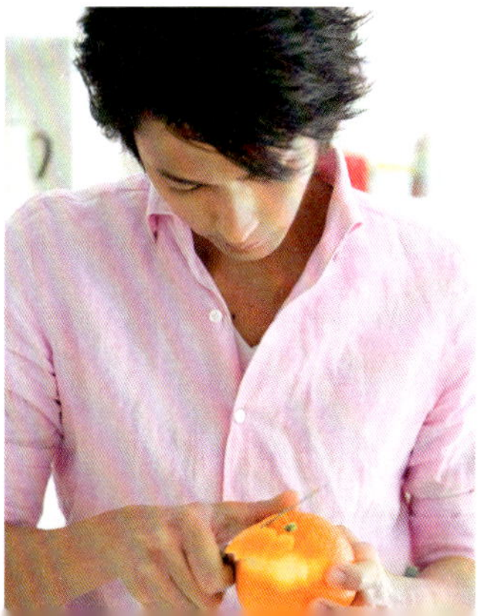

速水もこみち、
イタリア食紀行

旅慣れたもこみちさんだが、意外なことにイタリアを旅するのは今回が初。
無類のオリーブオイル好き、パルミジャーノチーズ好きの彼が、
「食」をテーマにイタリアを旅し、各州の伝統料理や家庭料理、
屋台料理も食べに食べ、スタイリッシュな町並みを堪能してきた。
本場の秘伝&オリジナルレシピと共に、もこみちさんとイタリアを満喫して。

国際電話をかける場合、イタリアの国番号は39です。
料理や商品の値段は変動があるため、記載していません。

in Italia

Firenze
Civita
Roma
Palermo

スプマンテで乾杯！
幸先良いスタートで、
一気に気分もUP♪

Tokyo ✈ Roma

機内食からレストラン並みのイタリアン!

ローマまで12時間40分のフライト。今回利用したアリタリア航空のマニフィカ(ビジネス)クラスの機内食は、3ヶ月毎に20州あるイタリア各州の自慢の郷土料理を提供し、その質の高さが好評。フォンティーナチーズの名産地、北イタリアのヴァッレ・ダオスタ州の料理に舌鼓を打ちながら、もこみちさんのイタリア旅はスタート。

「チーズがどれも個性的でおいしい。東京で買えるかな?」

「カツは衣がしっとり系。中にはやっぱりチーズ!」

Pranzo

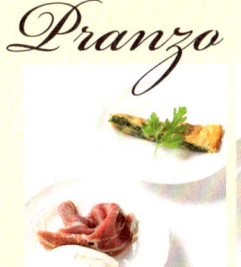

Antipasti / **Antipasti** / **Primi**

Secondo / **Dolci**

上左から、フダンソウ入りオムレツとプロシュート、リコッタチーズとはちみつのクネル／リング状のポレンタ フォンティーナチーズときのこ添え／フォンティーナチーズのフォンデュ風味ペンネ＆ポルチーニ茸、くるみ、ミントのタリアッテッレ／仔牛のカツレツ ヴァッレ・ダオスタ風／モンブランなどドルチェ数種

Ricetta

リング状のポレンタ フォンティーナチーズときのこ添え

材料(1人分):水・牛乳各50cc、ポレンタ粉20g、オリーブオイル小さじ1、塩・こしょう各少々〈付け合わせ〉玉ねぎ1/10個、にんにく少々、きのこ(できれば数種類)50g、ラード10g、刻みパセリ5g、フォンティーナチーズ35g

作り方:1 鍋に水、塩(分量外)を入れ沸かし、牛乳とオリーブオイルを入れ、ポレンタ粉を加えて素早く混ぜる。2 弱火にかけ、木べらで同一方向に絶えずかき混ぜ、つやが出たら、オリーブオイル(分量外)を塗ったリング型に流し込んでおく。3 玉ねぎとにんにくはみじん切りにし、ラードを熱したフライパンできつね色になるまで熱する。スライスしたきのこを炒め、刻みパセリを加え、塩、こしょうで調味する。4 ポレンタを型から取り出し、皿に盛り、上から溶かしたチーズをかける。3のきのこをのせる。

51

Roma

サンタンジェロ城にコロッセオ、
遺跡が景色にとけ込む首都、ローマ。

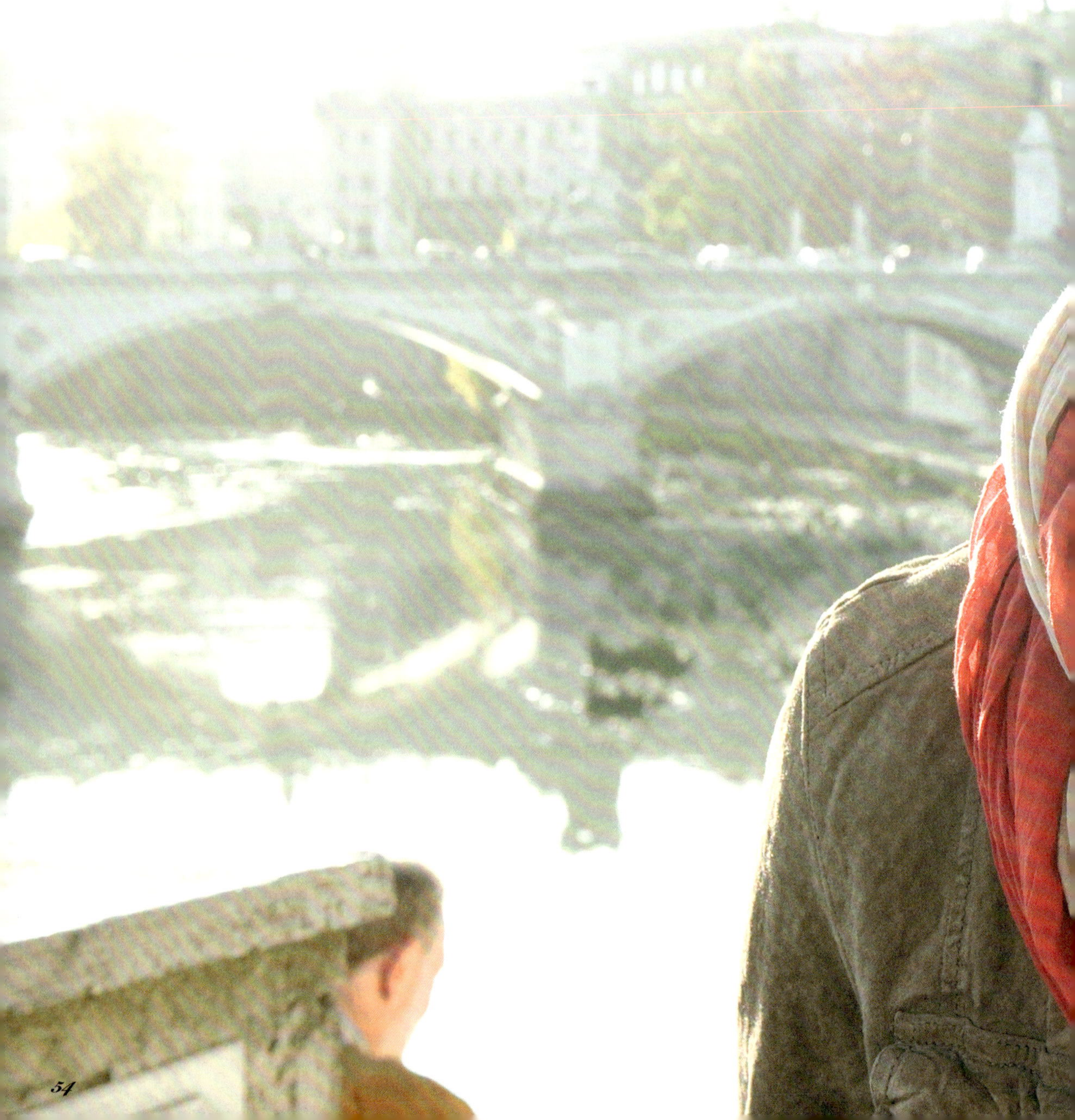

55

Roma
TRATTORIA PERILLI
トラットリア・ペリッリ

羊のチーズ「ペコリーノ」を使ったカルボナーラは絶品！
驚きの簡単な手順で、日本とはまったく違う本当の味に出合える店。

まずはやっぱりパスタから。日本で人気のカルボナーラはローマが発祥、その中でもここ『ペリッリ』は、世界中から観光客が訪れる人気店。厨房を見学したもこみちさん、「本当にまったく違う調理法で驚きました。しかも簡単！」。パンチェッタとパスタをゆでる塩、2種類のチーズの塩気のみでも、日本のそれと比較するとかなりしょっぱい。「塩強めですね！ でも僕はかなり好み♡」

同じく2種類のチーズを使ったアマトリチャーナや仔牛のサルティンボッカもいただき、大満足。スカルペッタ（ソースをパンでぬぐう）という、料理人が喜ぶ動作で食事を終えた。

TRATTORIA PERILLI
●Via Marmorata 39, Roma ☎06-5755100
㋺12:45〜15:00、19:45〜23:00 ㋺水曜
1911年創業。地下鉄のPIRAMIDE駅近く。

Ricette del ristorante

Rigatoni alla Carbonara
リガトーニのカルボナーラ

材料（4人分）：リガトーニ400g、卵（M）4個、パンチェッタ150g、ペコリーノチーズ50g、パルミジャーノ・レッジャーノ50g、塩・黒こしょう・オリーブオイル各適量

作り方：**1** たっぷりの湯に塩を入れて、表示どおりにパスタをゆでる。**2** フライパンにオリーブオイルを少量入れ、厚めの拍子木切りにしたパンチェッタを強火で脂を出しながらよく炒める。**3** 深めの容器に卵を割り入れて溶いておき、そこに黒こしょうも多めに加える。**4** ゆであがったパスタの水気をよく切って溶き卵が入った容器に加え、表面がきつね色に色づきカリカリになったパンチェッタを油ごと入れ、パルミジャーノとペコリーノも加える。**5** 器の両端を持ち、フライパンをあおる要領で全体を手早く混ぜ合わせる。**6** 皿に盛り付ける。

Bucatini all'Amatriciana
ブカティーニのアマトリチャーナ

材料（4人分）：ブカティーニ400g、グアンチャーレ（豚のほほ肉の塩漬けハム）150g、トマトピューレ400g、パルミジャーノ・レッジャーノ50g、ペコリーノチーズ50g、とうがらし・塩・オリーブオイル各適量

作り方：**1** たっぷりの湯に塩を入れて、表示どおりにパスタをゆでる。**2** フライパンにオリーブオイルを少量入れ、角切りにしたグアンチャーレを強火で炒める。**3** 表面がきつね色になったらトマトピューレと小口切りにしたとうがらし少々を加え、約15分間火にかける。**4** パスタの水気をよく切り、トマトソースのフライパンに入れ、パルミジャーノとペコリーノも加え、全体を手早くよく和える。

Saltimbocca alla Romana
サルティンボッカ・アッラ・ロマーナ

材料（4人分）：仔牛肉の薄切り600g（3〜5mm厚さ）、プロシュート12枚、セージ12枚、バター大さじ1、白ワイン180cc、小麦粉・塩・オリーブオイル各適量

作り方：**1** 仔牛肉の薄切りそれぞれの上にセージ1枚とプロシュート1枚をのせて巻き、つまようじでとめる。**2** 小麦粉を薄くはたき、オリーブオイルを少量ひいたフライパンで中火でソテーする。途中でバターを加え、フライパンを揺すりながら全体に風味をつける。**3** ワインを加え、アルコール分を飛ばしながらさらにソテーし、肉に火が通ったら完成。

Firenze

ルネサンスや芸術だけでなく、
美食の街でもある、フィレンツェ。

59

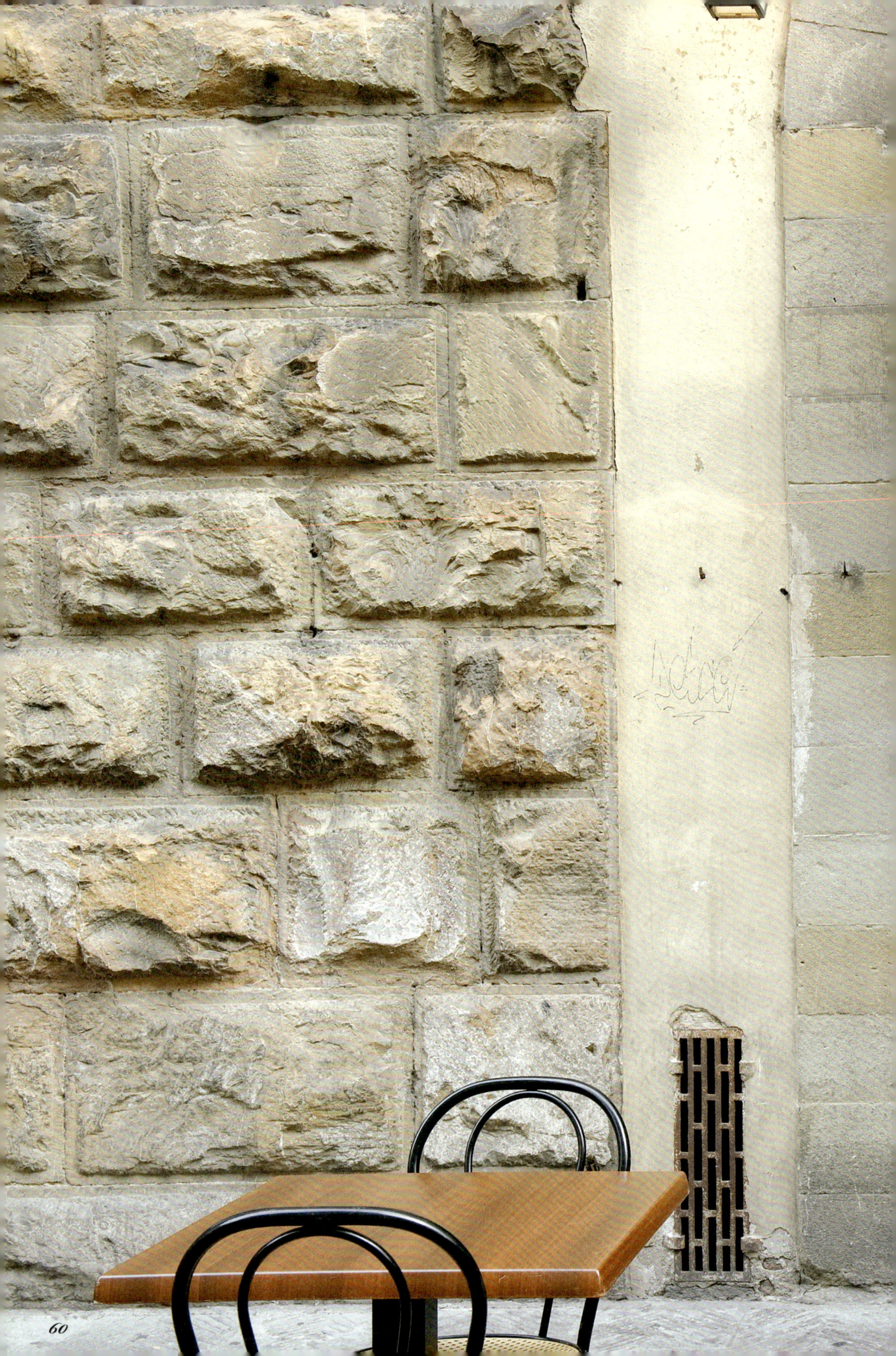

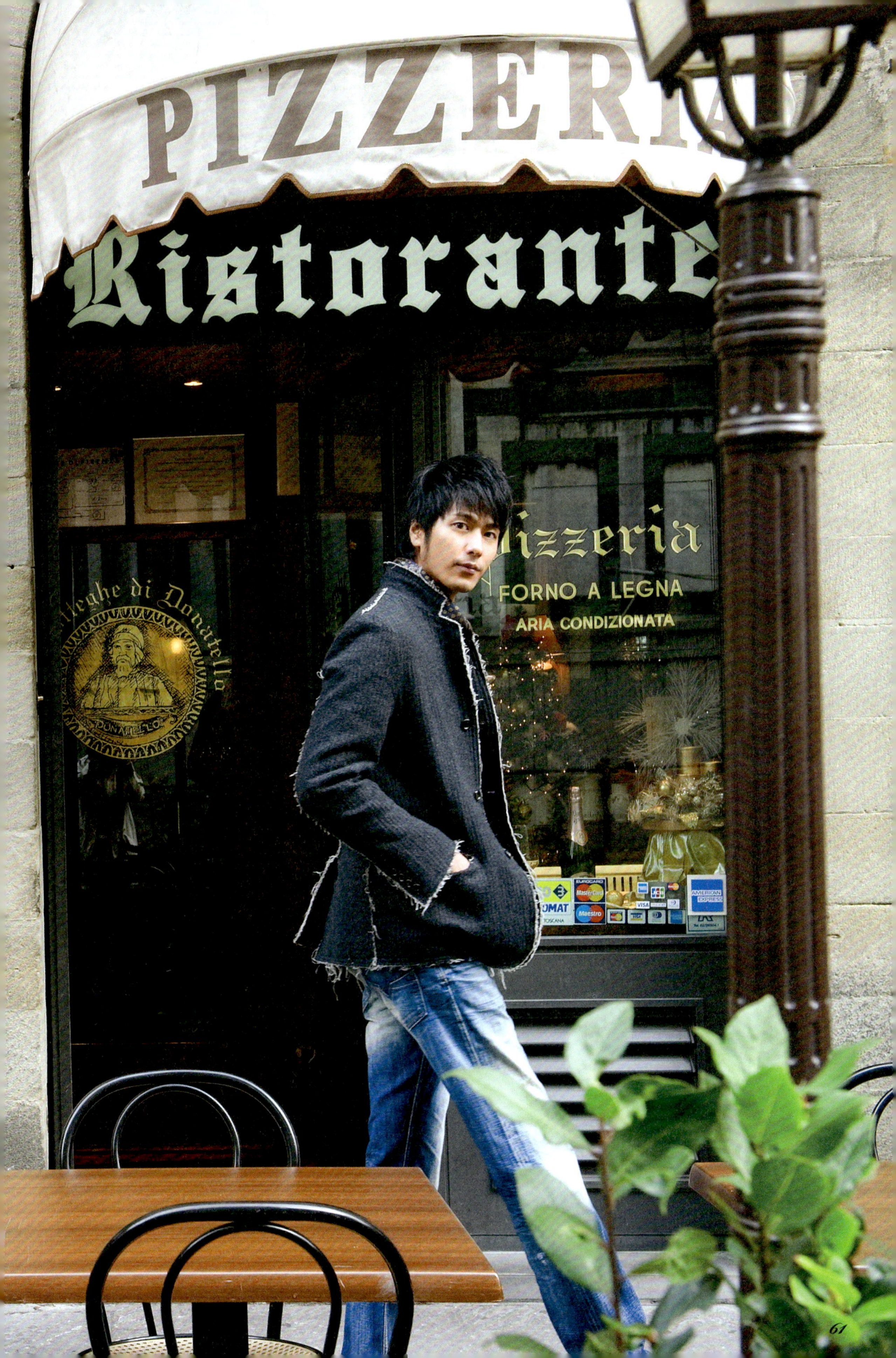

Ristorante
FORNO A LEGNA
ARIA CONDIZIONATA

Firenze
TRATTORIA ARMANDO
トラットリア・アルマンド

長年イタリアの人に愛されてきたレシピ本から代表的料理を。
そこには引き継がれてきただけの理由があった。

TRATTORIA ARMANDO
●Via Borgognissanti 140/R, Firenze ☎055-217263
www.trattoria-armando.com
㊙12:15〜15:00、19:15〜22:30
㊡日曜、月曜昼
サンタ・マリア・ノヴェッラ駅から徒歩約5分。

Ravioli
ラビオリ

材料（4人分）：〈ラビオリ生地〉薄力粉300g、卵黄6個分、塩少々〈具材〉下ゆでした青菜（ほうれん草、フダンソウなど）90g、リコッタチーズ（羊乳）250g、熟成ペコリーノチーズ大さじ3、オリーブオイル少量〈仕上げ〉オリーブオイル・熟成ペコリーノチーズ・黒こしょう各適量

作り方：**1** 平らな台の上に薄力粉を盛り、真ん中にくぼみを作って、そこに卵黄と塩を入れ、よくこねる。**2** 約15分ほどよくこね、均一ですべすべしてきたら丸くひとつにまとめて、30分以上冷蔵庫で寝かせる。**3** ゆでた青菜は固く絞って水気を切ってから細かく包丁で刻み、リコッタとペコリーノ、少量のオリーブオイルとよく混ぜる。**4** 作業台に打ち粉（分量外）をし、平たく麺棒でのばしていき、約7cm四方の正方形にナイフで切る。**5** 切った生地の上にスプーンで少量ずつ3のペーストをのせ、三角に折った生地の2辺を水につけた指で軽く濡らし、指で押さえてへりをきちんと閉じる。**6** 閉じてできた三角形の左右の角を合わせるようにし、できたふたつのへりを軽く中心に向かって押さえて舟形を作る。**7** たっぷりの湯に塩（分量外）を入れて、ラビオリを3分間ゆでる。**8** ゆで上がったら湯をよく切って皿に盛り付け、少量のオリーブオイルをかける。好みでペコリーノ、好みで黒こしょうをかけていただく。

Ricette del ristorante

Crostini di fegatini di pollo
鶏レバーのクロスティーニ

材料（4人分）：鶏レバー300g、玉ねぎ小1個、セージ2枚、バター25g、オリーブオイル大さじ2、ヴィンサント（トスカーナ地方の甘いデザートワイン）½カップ、塩・こしょう・薄く切ったバゲット各適量

作り方：**1** みじん切りにした玉ねぎとセージの葉を、オリーブオイルとバターで炒め、香りがオイルに移ったころにレバーを入れる。**2** 色が変わってきたらヴィンサントを入れ、アルコール分を飛ばしながら火を通し、塩、こしょうで調味する。**3** 包丁で細かくレバーを叩き、トーストしたバゲットの上に塗る。

　イタリアの料理人や食通の家には必ずP・アルトゥージ著『料理の科学と美食の技法』があるという。100年以上前に出版されたこの本で、著者は自身が食べ歩いたイタリア各地の郷土料理のレシピを庶民の言葉で初めてまとめ、現在でも版を重ねている。

　上記の料理もアルトゥージのレシピをこの店なりにアレンジしたもの。シンプルながら、長年愛されてきた味にもこみちさんもうなる。「ラビオリは絞りたてのオリーブオイルと仕上げのチーズだけがスパイス代わりで、家庭的な味。前菜の定番だというクロスティーニは、確かにワインにも合い、臭みもなく最高」。その他、いんげん豆の煮込みや肉団子も試食した。

Firenze
ANTICO RISTORO DI' CAMBI
アンティコ・リストロ・ディ・カンビ

びっくりするほどのボリュームの肉料理。
でもそのおいしさに、思わずペロリ。
オーナーも牛肉へのこだわりを熱弁。

フィレンツェの代表料理のひとつ、ビステッカ。フィレンツェ風（フィオレンティーナ）は、専用のブランド牛を誕生させるほど愛されているメニュー。ただし日本のブランド牛肉のように、サシが細かく入っているわけではなく、ジューシーな赤身肉が一般的。塩こしょうだけの味つけながら、じっくり炭火で焼いていくためか、内側はやわらかく、脂も充分。「ひと口食べたら、あまりのうまさに止まらなくなりました（笑）」

Ricetta del ristorante

Bistecca alla Fiorentina
ビステッカ

材料（4人分）：Tボーンステーキ用牛肉1.8〜2.2kg、塩・こしょう・岩塩各適量、レモン・ルッコラ・オリーブオイル各適宜

作り方：1 炭火でよく熱した焼き網の上に肉をのせ、塩、こしょうして5分間焼く。**2** 裏返し、その面にも塩、こしょうをし、さらに5分間焼く。**3** 完全にレアなら通常両面5分ずつくらいでよいが、焼きが足りないときにはさらに追加で両面2分ずつ、ときどき裏返しながら、繰り返し焼く。**4** 焼けたら岩塩をふり、ルッコラを添えてテーブルへ。好みでレモン、オリーブオイルをかけて。

ANTICO RISTORO DI' CAMBI
●Via S. Onofrio 1r, Firenze
☎055-217134
www.anticoristorodicambi.it
営12:00〜14:30、19:00〜22:30
休日曜
生ハムや総菜などの販売も。

Firenze
IL SALVIATINO
イル・サルヴィアティーノ

貴族の邸宅を改装した話題のホテルの特別サービスで、トスカーナ伝統の料理を、素材選びから楽しむ。

郊 外の丘に建つ、スタイリッシュなホテル『イル・サルヴィアティーノ』。ここにはゲストのさまざまなリクエストに応えてくれるアンバサダーというシステムがある。今回はシェフ・アンバサダーのリーノ氏に、アルトゥージのメニューの再現を依頼した。市場（p.93）で材料を調達し、調理も彼が担当。本来は余り野菜を煮込んで堅くなったパンと共に翌日食べるという農民のためのレシピは「素朴な野菜の味」。本場のポルチーニリゾットもここで味わうことができた。

IL SALVIATINO
●Vía del Salviatino 21, Fiesole, Firenze ☎055-9041111
www.salviatino.com/
営7:00～24:00　無休
ホテル宿泊客以外も利用できるが、要予約。

Ribollita
リボッリータ

Ricetta del ristorante

材料（4人分）：白いんげん豆300g、黒キャベツ（ちりめんキャベツの一種）3束、トマト・じゃがいも各2個、にんじん・セロリ（茎）各4本、ズッキーニ2本、ポロネギ1本、紫玉ねぎ大1個、トマトピューレ適量、オリーブオイル½カップ、水2ℓ、タイム・黒こしょう・塩・野菜のブイヨン各適量

作り方：1 白いんげん豆を、たっぷりの湯で、にんにく、セージ、豚の皮（各適量、分量外）と一緒に2～3時間ゆでておく。2 豆がやわらかくなったら、その半量をゆで汁少量と一緒にミキサーにかけ、クリーム状にする。3 大きめの鍋でみじん切りにした玉ねぎ、ポロネギをオリーブオイルで炒める。色づき始めたら、ざく切りにしたトマトを加え、好みで少量のトマトピューレも加えて風味を足す。4 3～4分経ったら、残りの野菜はざく切りにして入れ、野菜のブイヨン少量と水を加え、蓋をし、少なくとも1時間はとろ火にかける。5 ゆでたいんげん豆の残りと2のクリームを加え、タイム、黒こしょう、塩、トマトピューレ適量を入れて沸騰させる。6 薄くスライスしてトーストしたバゲット、好みで黒こしょう、オリーブオイル（各分量外）をかけて。

うん？　出かける？
今日は少し遠出してみようか。

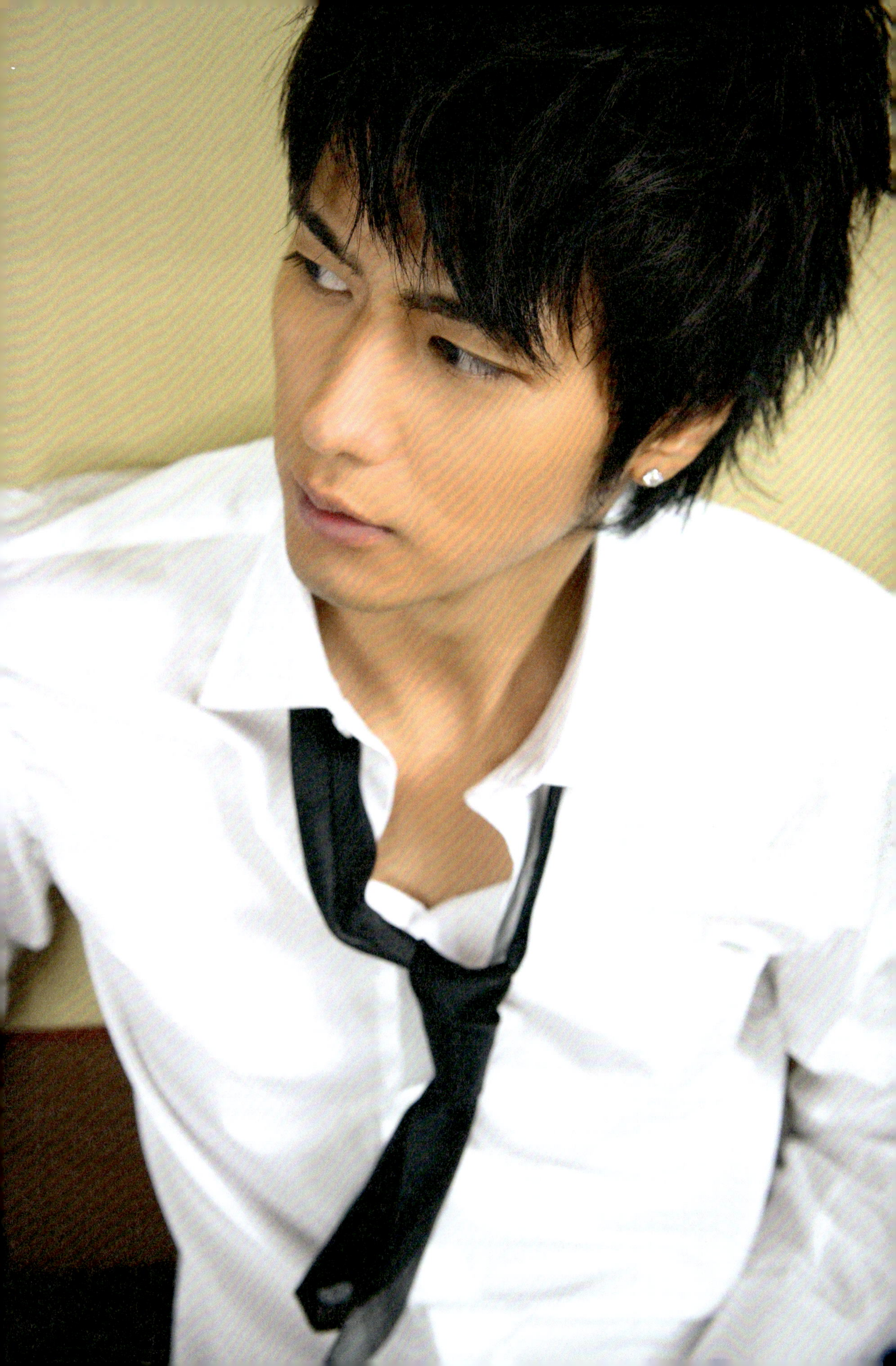

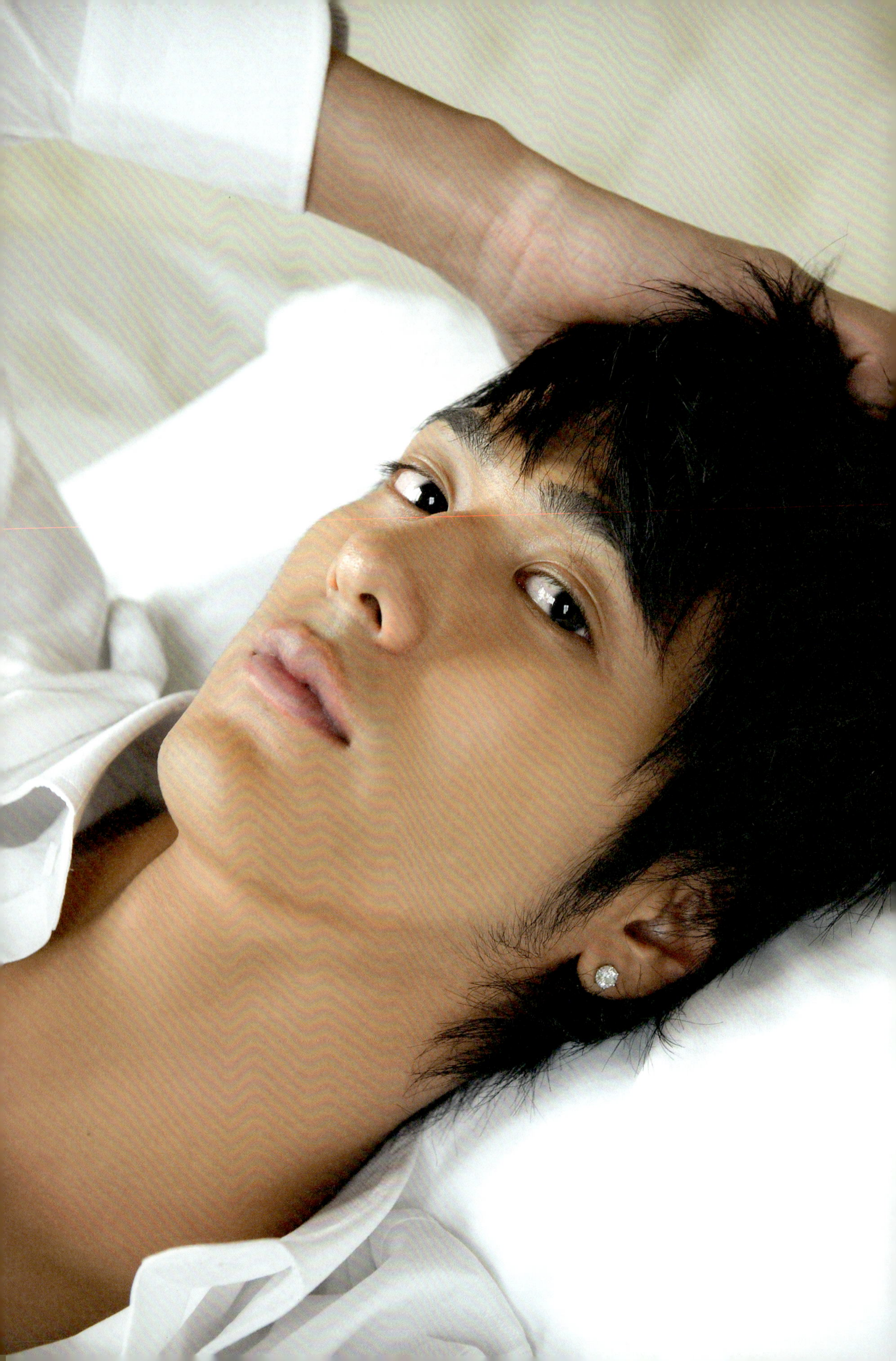

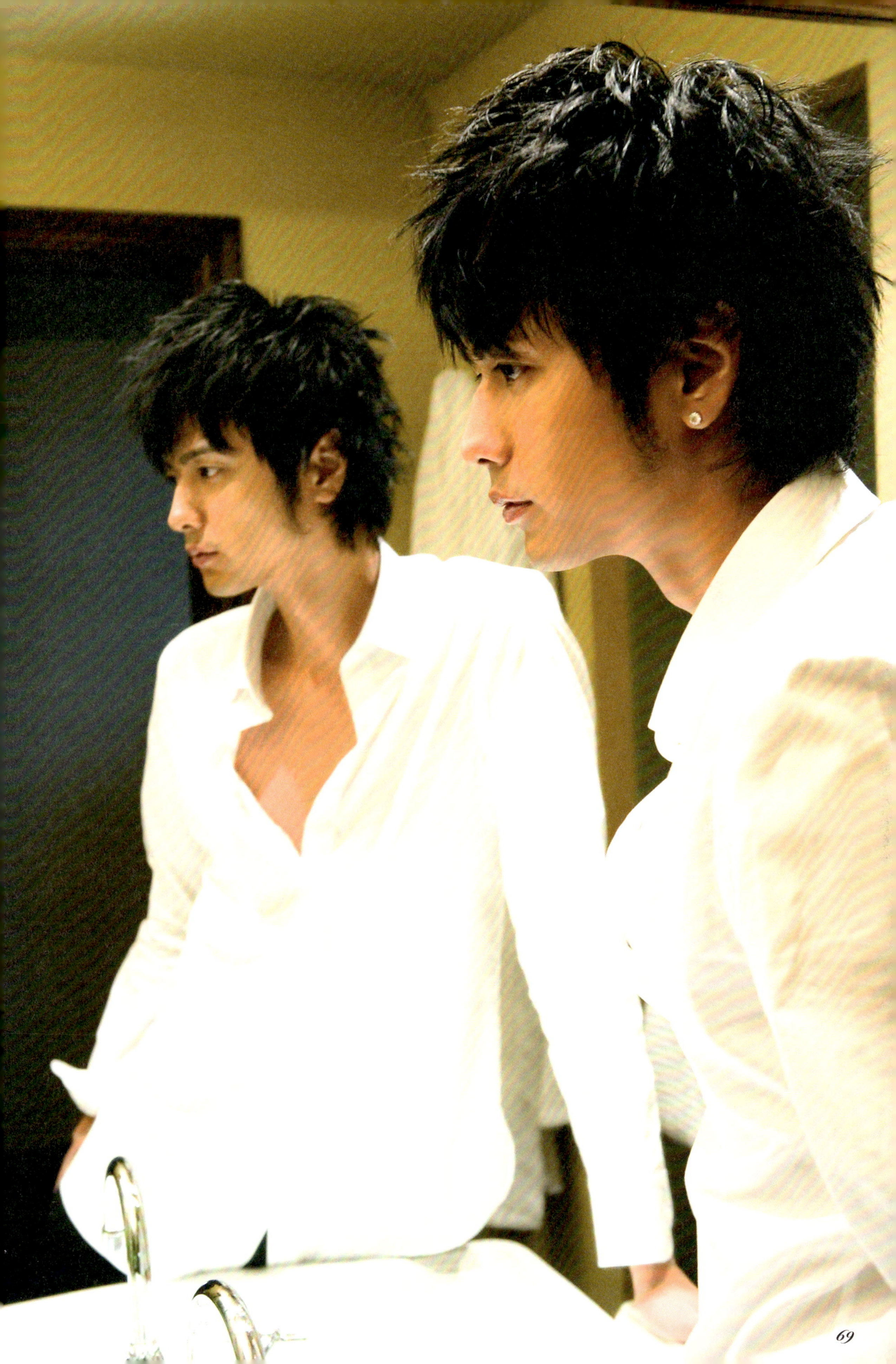

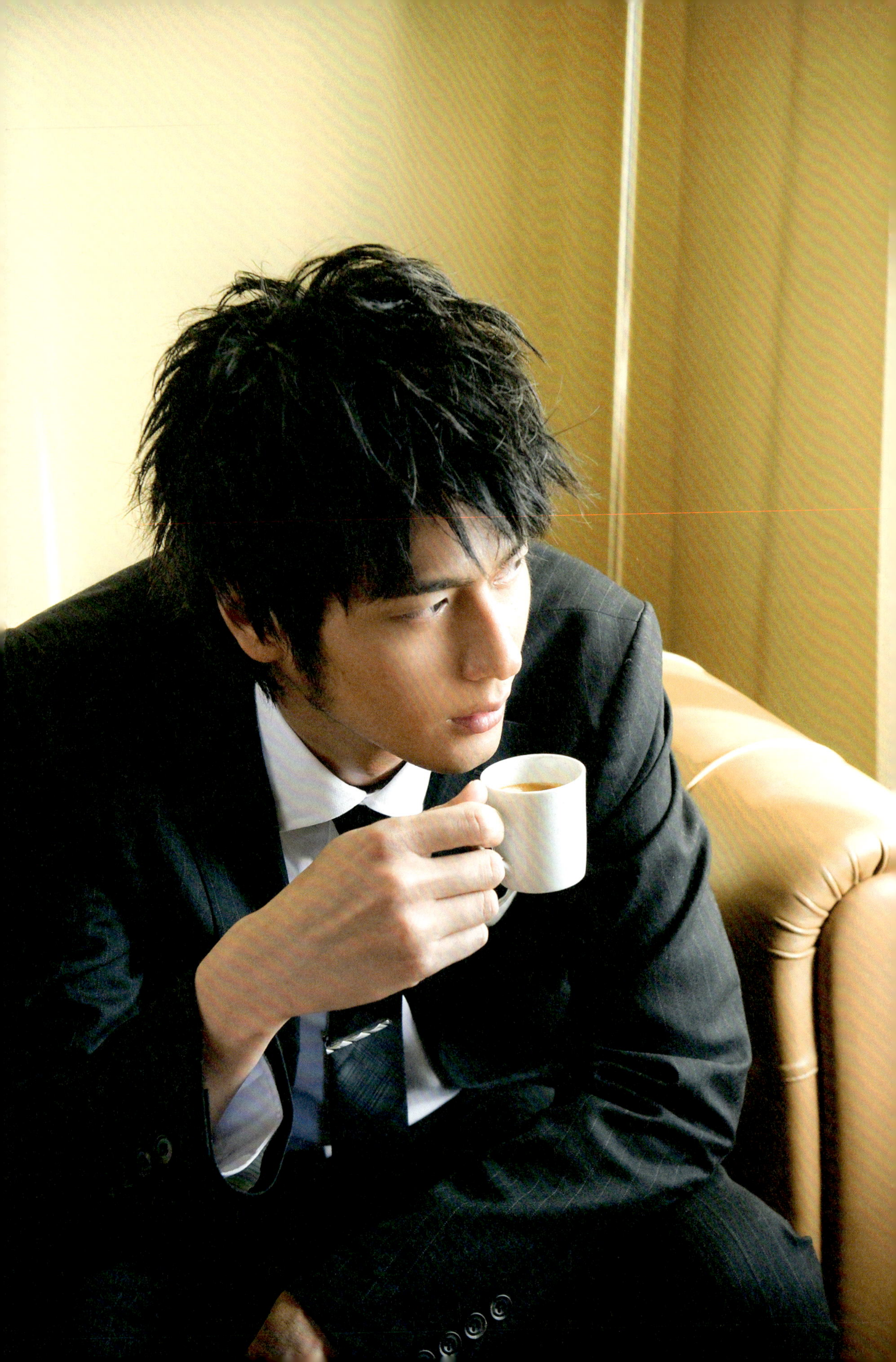

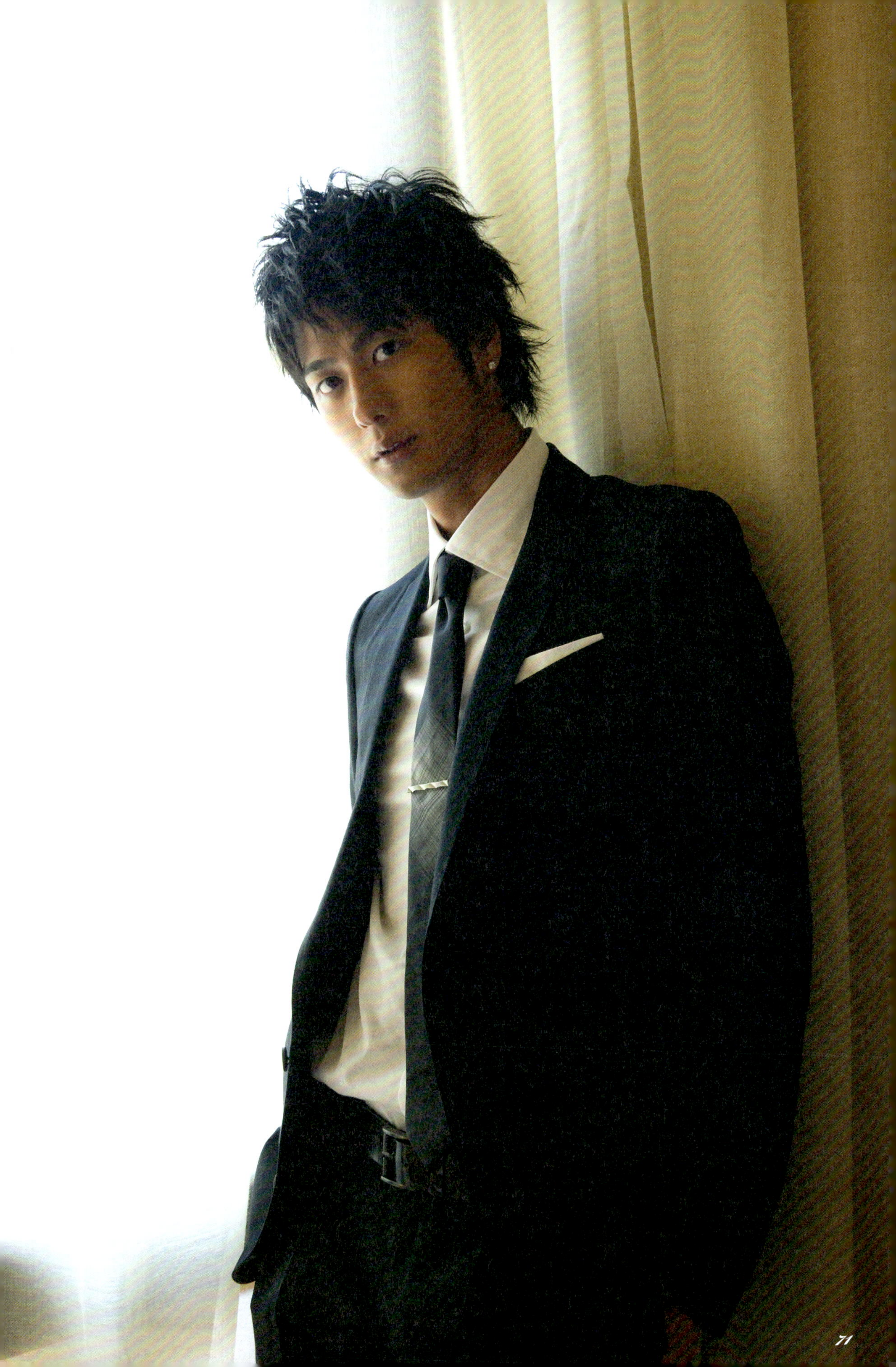

Palermo

地中海の気候、独自の文化を擁する、
シチリア島最大の都市、パレルモ。

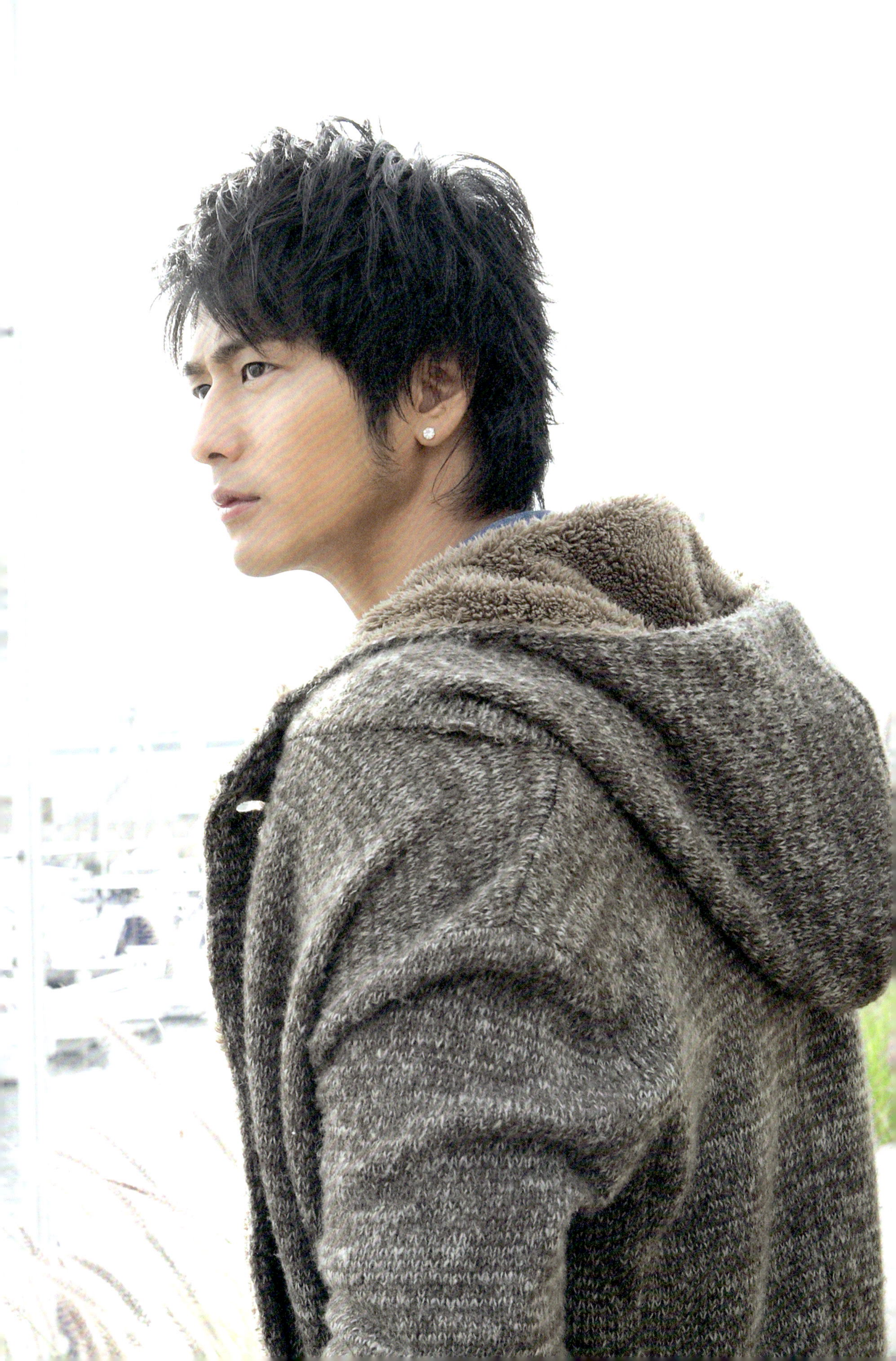

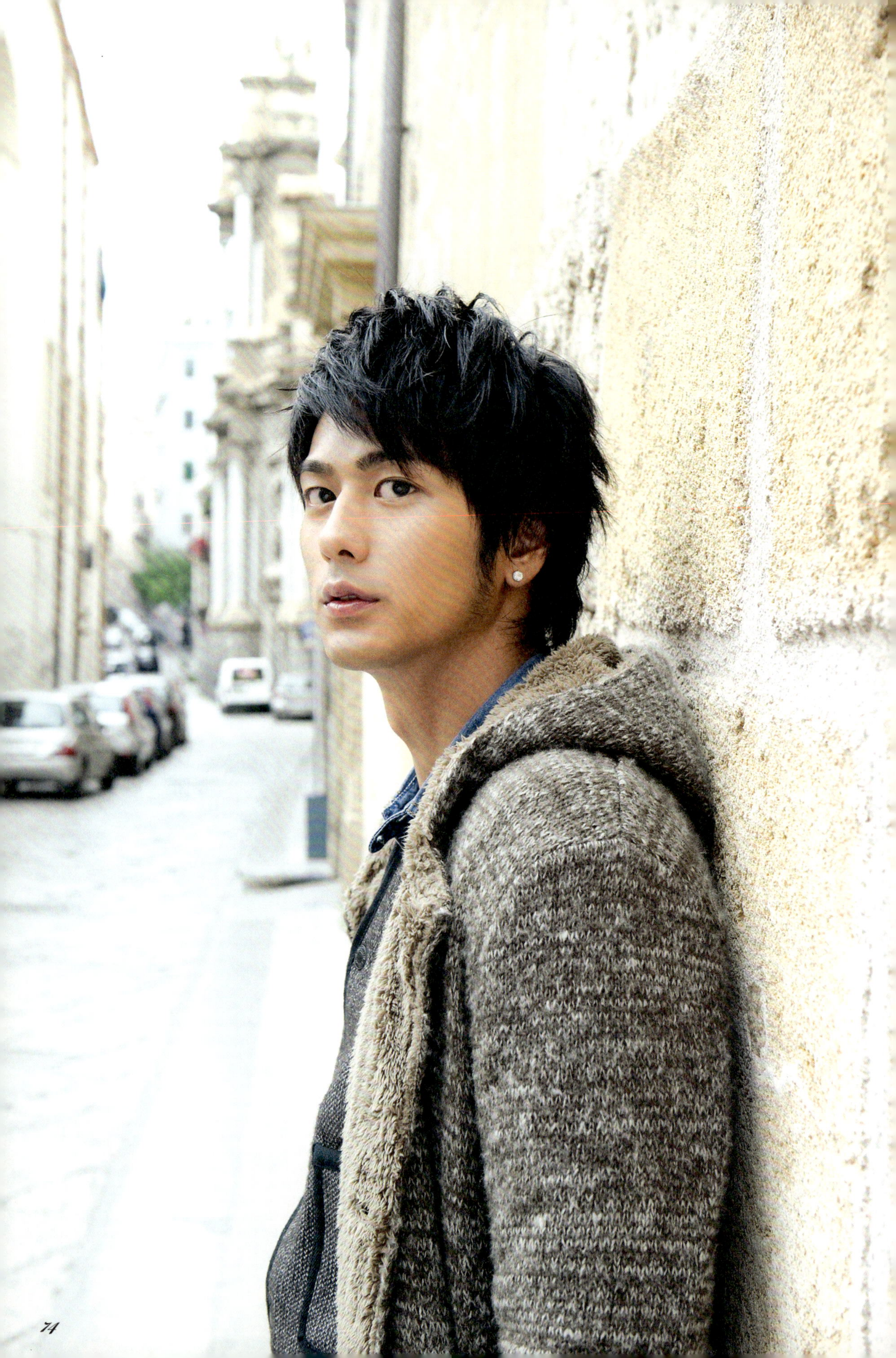

これがマジパン？　カラフルでかわいいね。

パレルモの市場へ

海外で地元の市場を覗くのは楽しいもの。
が、今回は観光気分で歩いていた市場で、
思わぬ出会いから大家族を訪ねることになり、
MOCOレシピ用の食材を買う流れに……。
思わず、かなり真剣に食材選び！

Mercato di Ballarò
●Via Ballarò Centro, Palermo, Sicilia
営8:00〜14:00 休日曜
ジェズ教会近く。

頭の中でレシピを組み立て……。「何作ろうかな」

「これはいいオレガノかも」。ふだんからよく使うハーブ類は厳しい目で。

大好きなチリを見つけ、思わず笑顔。「なんかレシピ決まってきた！」

日本では見ない生のアーティチョーク。処理の仕方を教わる。

野菜、魚、チーズと何でも揃う。「見たことない野菜もいっぱいだね」

精肉を扱う店前で思案顔。「魚は決まったから、肉は……」

ふわふわのパレルモ風ピッツァ「スフィンチョーネ」をパクリ。

朝、ポルティチェッロ港では、漁師さんからウニの試食を勧められた。

シチリア大家族のお宅訪問！

秘伝のレシピをごちそうに

市場で出会ったサルヴァトーレさん宅を訪れることに。訪問すると、お姉さん夫婦やお母さん、子供たちと10人の大家族が迎えてくれた。料理上手のお母さん直伝レシピの数々でのもてなしに、もこみちさんは大感激。「オレンジサラダは意外な取り合わせ。こういう本当の家庭料理の味に出合えるって幸せですよね」。あとはパスタ2種、肉料理も。

感動しながらも、新しい食体験からインスパイアされ、自分なりのレシピを思いつく、勉強熱心なもこみちさんでした。

Insalata di arancia
オレンジのサラダ

材料（4人分）：オレンジ（M）5個（Lなら4個）、薫製ニシン2尾、エシャレット2個、レモン1個、オリーブオイル・塩・こしょう・黒オリーブ各適量

作り方：1 オレンジは皮をむき、ひと口サイズに切る。2 薫製ニシンは小さく切り、レモンは絞っておく。エシャレットは粗みじん切り。3 1、2と黒オリーブをボウルでひとつに和え、塩、こしょう、オリーブオイルで調味すれば、できあがり。

Ricette di famiglia

Anelletti alla Palermitana
パレルモ風アネッレッティ

材料（4人分）：アネッレッティ（リング状パスタ）500g、ひき肉（牛か豚、または合いびき）500g、グリーンピース（冷凍で可）250g、玉ねぎ小1個、トマトソース1ℓ、ゆで卵3個、塩・こしょう・オリーブオイル・粉チーズ（できればカチョカヴァッロ）各適量

作り方：1 玉ねぎをみじん切りにし、大きめのフライパンか鍋でオリーブオイルで炒める、しんなりさせる。2 ひき肉を入れて塩、こしょうで調味して炒め、肉の色が変わったら、グリーンピースを加えてさらに炒める。3 水分が少し減ってきたらトマトソースを入れ、煮立ったら少しずらして蓋をし、ときどき混ぜながら弱火で45分間煮込む。4 この間に、パスタを表示に従ってゆでる。5 ソースを仕上げ用に少し別に取っておき、ゆでたパスタにソース、粉チーズ、ゆで卵の粗みじん切りを重ね、耐熱性の容器に入れる。一番上に取っておいたソースをかけ、さらに粉チーズをかけて、220度のオーブンで15分焼く。チーズの表面に焼き色がついたらできあがり。

お礼にイタリアで
MOCO飯を披露

よいよ今度は「ごちそう返し」。イタリアの食材でイタリアの家庭に、MOCO飯披露というレアな体験。使い慣れぬキッチンと道具、マンマを始めとする観客多数（笑）のなか、ハンデをものともせず3品を完成。その手早さとおいしさに、大家族の方々は称賛の言葉を多数くださった（p.81）。

Ricette di Moco

エビのチーズ&ハーブフライ

材料（2人分） ※写真は4〜5人分
- 有頭エビ……6尾
- 紫玉ねぎ……¼個
- A
  - パン粉……50g
  - パルミジャーノ・レッジャーノ（すりおろし）……20g
- 小麦粉、溶き卵、オリーブオイル（揚げ油）……各適量
- 塩、粗びき黒こしょう、バジル、イタリアンパセリ、レモン……各適量

作り方

1. 紫玉ねぎは千切り、イタリアンパセリ、バジルはみじん切りにする。
2. Aをよく混ぜ合わせる。溶き卵に、みじん切りにしたバジル、塩、こしょうを混ぜる。
3. エビは頭と尾以外の殻をむき、塩水で洗い、背に包丁を入れ、背わたがあったら取る。
4. エビに小麦粉、2の卵、パン粉の順で衣をつける。
5. オリーブオイルでカラッと揚げ、軽く塩をふりかけておく。
6. 仕上げに玉ねぎ、パセリを散らし、レモンを絞る。

カジキマグロソテー 白ワインソース

材料（2人分）※写真は4〜5人分

- カジキマグロ切り身……1枚
- 赤パプリカ……½個
- ズッキーニ……縦½本
- オレガノ、ローズマリー……各1枝
- オリーブオイル……大さじ1
- バター……10g
- 白ワイン……大さじ2
- レモン、イタリアンパセリ（みじん切り）……各適量

〈下味用〉
- 塩、こしょう、オリーブオイル……各適量

作り方

1. カジキに、オレガノ、ローズマリーの葉をしごいてふりかけ、塩、こしょう、オリーブオイルと共に全体にまぶし、置く。
2. パプリカは千切りに、ズッキーニはピーラーでリボン状にカットする。
3. フライパンにオリーブオイルを入れ、カジキによく火を通す。
4. 両面が焼けたらカジキを取り出し、その後のフライパンに白ワインを加え、ソースを作る。ズッキーニをさっとソースにからめ、バターで軽く風味をつける。
5. 皿にカジキを盛り付け、4のソースをかけ、ズッキーニ、パプリカを盛る。パセリを散らし、レモンを全体に絞る。

Ricette di Moco

仔牛のグリル サルサソース

材料（2人分）※写真は4〜5人分

仔牛ロース肉……2枚
にんにく……3片
オリーブオイル、塩、こしょう、
バター、レモン……各適量

〈サルサソース〉
トマト……2個
エシャレット……2本
紫玉ねぎ……1個
レッドチリ……1本
きゅうり、セロリ……各½本
オリーブオイル……大さじ1
砂糖……少々
レモン、塩、こしょう
　　……各適量

作り方

1. きゅうり、セロリ、エシャレットは粗みじん、紫玉ねぎはみじん切り、トマト、チリはヘタと種を取り、粗みじん切りにする。
2. ボウルに1を入れ、砂糖、オリーブオイル、塩、こしょう、レモンの絞り汁を加えてまぜ、冷蔵庫でできれば約30分〜1時間寝かせる。
3. 肉は手のひら大にカットし、塩、こしょうを加えたオリーブオイルに、つぶしたにんにくと共につけ、味をなじませる。
4. グリルパンでにんにくをオリーブオイルで焼き、香りが出たら肉を強火でにんにくと共に焼く。最後にバターをプラス。
5. 焼き上がった肉をひと口大にカットしたら、皿に盛り付け、仕上げにサルサソース、レモンの絞り汁をかける。

Palermo
RISTORANTE DONNA FRANCA FLORIO
リストランテ ドンナ・フランカ・フロリオ

地中海を望む優美なホテルのレストランでは、
シチリアのチーズで仕上げた、繊細かつインパクト大のランチ。

**RISTORANTE
DONNA FRANCA FLORIO**
● "Grand Hotel Villa Igiea", Salita Belmonte 43, Palermo, Sicilia
☎091-6312111
www.hotelvillaigiea.com
営12:30〜15:00、19:30〜23:00
無休
5つ星ホテル内のレストラン。

優 雅なホテルでシェフ自らサーブしてくれたランチは、シチリア特有のリコッタ・サラータをアクセントにしたなすのトマトソースパスタ。
「これもショートパスタですね。なすがうまっ！ 揚げたなすの皮とバジルは食感を変えるため？ なんか日本的な発想ですね」と、また感心しきり。トマトソースを作るときは弱火でないと酸味が出るなど、シェフから秘訣も聞けて、収穫大。ちなみにこのパスタは、この旅でもっとも印象に残った味だったそう。

Pasta alla Norma
ノルマ風パスタ

Ricetta del ristorante

材料（4人分）：リガトーニ400g、皮むき水煮トマト 500g、なす2本、リコッタ・サラータ（塩つきリコッタ）200g、オリーブオイル大さじ4、バジル12枚、にんにく2片、こしょう・粗塩・揚げるための普通のオリーブオイル各適量

作り方：1 なすのヘタを取り、厚さ4mmの半月切りにする。飾り用に皮部分の極細切りも用意する。**2** ざるの上に1のなすを広げて、全体に粗塩をふり、その上になすを重ねていき、最後に皿をのせた上に重しを置く。1時間以上置き、水分を出す。**3** トマトソースを作る。オリーブオイルとにんにくを弱火で熱し、香りが出たところに水煮トマトを入れ、とろ火でとろみがつくまで煮て裏ごしをする。再び火にかけてさらに煮詰める。火を止め、半量のバジルの葉を入れる。**4** 2のなすを冷たい流水ですすぎ、ふきんで水分をよく拭き取り、170〜180度の油で揚げる。余分な油はペーパーなどで拭き取る。残りのバジルも揚げる。**5** パスタを表示に従ってゆでる。**6** リコッタ・サラータをおろし金で粗めに削り、半月型のなすを棒状に切る。**7** フライパンで6のなすと3のトマトソース（大さじ12〜16）を合わせ、ゆで上がったパスタを入れて和え、塩、こしょうで調味する。**8** 7を皿に盛り付け、残りのトマトソースをかけ、飾り用の極細の揚げなす、リコッタ、揚げたバジルで彩る。

Civita

天空に浮かぶ、人口20人ほどの町。
オリーブオイルの名産地、チヴィタ。

チヴィタは、正式にはCivita di Bagnoregio（チヴィタ・ディ・バーニョレージョ）という町です。

85

ACCADEMIA MUSI
CON SOLE 9 EUR
POTRANNO ISCR
ASSOCIAZIONE,
- VISITA ALL'IPOGE

時間の流れが日本と違う気がしない？

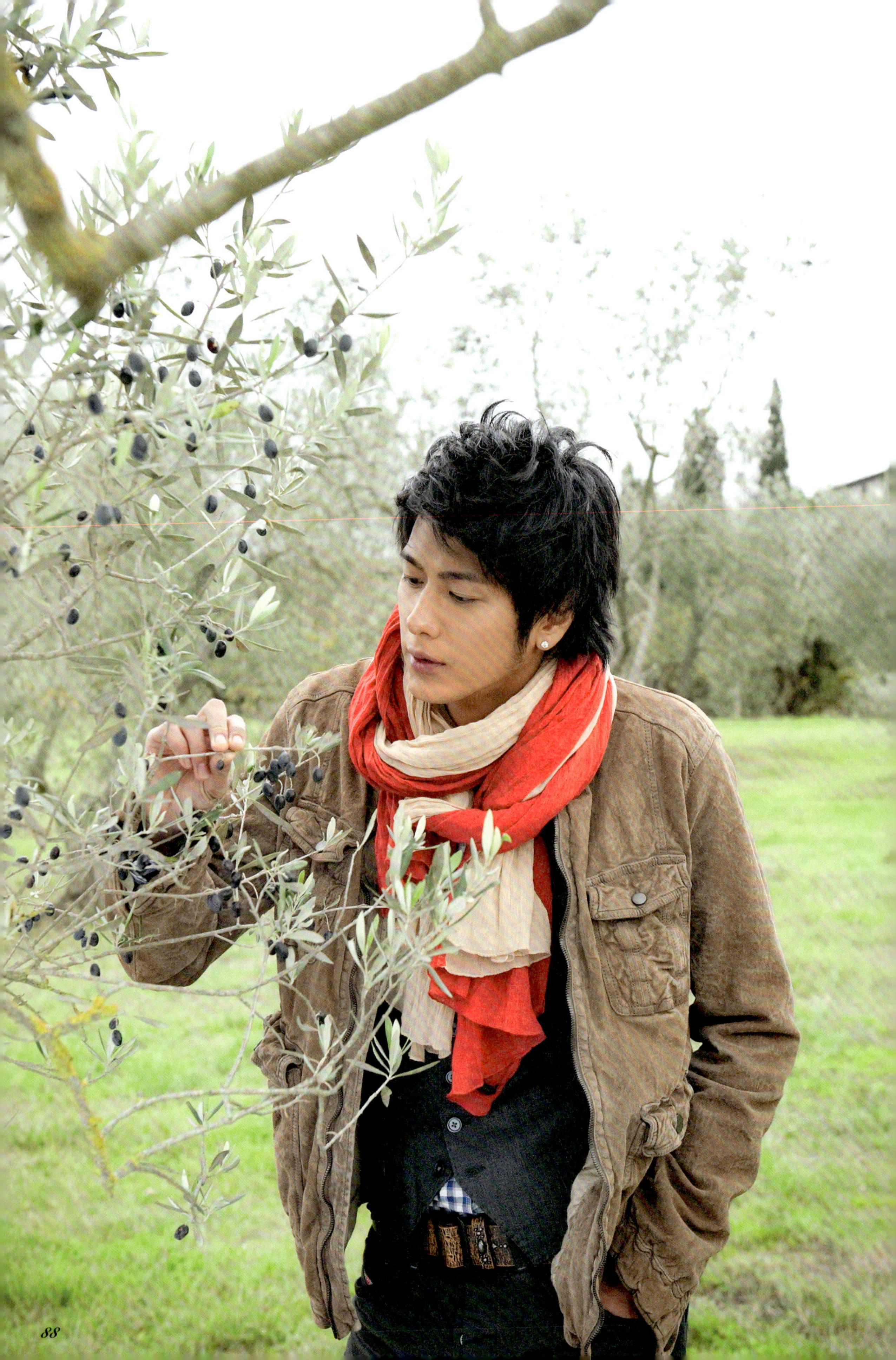

89

Civita

ALMA CIVITA
アルマ・チヴィタ

自慢のオリーブオイルをたっぷり使うため、素材は最小限。
中世の趣が残るレストランでは、まさにオイルのための料理を堪能！

ALMA CIVITA
●Via della Provvidenza, Civita di Bagnoregio ☎0761-792415
www.almacivita.it
㋺12:30〜16:30、19:30〜22:30（夜は土曜のみ営業、4月〜10月）
㋡11月〜3月は土日・祭日限定で昼のみの営業、夜は完全予約制。宿泊施設も併設。

Bruschetta aglio e olio
にんにくとオリーブオイルの
ブルスケッタ

材料（1人分）：パン、にんにく、オリーブ
オイル、塩各適量

作り方：**1** パンはできれば塩なしのトスカー
ナ風のものを用意。薄切りにしたパンを、家
に暖炉があれば、薪で網焼きにする。**2** パン
の両面がきつね色に焼けたところで取り出し、
上ににんにくを切った面をこすりつけて香り
づけをする。**3** 上からオリーブオイルをたっ
ぷりかけて、塩をふっていただく。

Umbrichelli al tartufo nero
黒トリュフのウンブリケッリ

材料（4人分）：〈パスタ生地〉薄力粉500g、
水200〜250cc、塩小さじ1、オリーブオイ
ル約大さじ1 〈ソース〉牛乳4カップ、市販の
黒トリュフソース大さじ4、生の黒トリュフ
適量

作り方：**1** 平らな作業台の上に薄力粉を盛り、
真ん中にくぼみを作り、そこに水を少しずつ
加えながら内側から外側へ手でこねていく。
塩、オリーブオイルもこねる過程で加える。
2 生地が全体に均一になったら、ひとつに丸
くまとめ、ラップなどで覆って冷蔵庫で1時
間以上寝かせる。**3** 寝かせたものを再び作業
台の上にのせて二つに分け、麺棒で生地を約
5mmの薄さにのばす。専用の道具またはナイ
フで細長く切る。**4** 湯に塩を入れ、そこで
約5分、様子を見ながらゆでる。**5** フライパ
ンに牛乳と黒トリュフソースを入れ熱し、ゆ
で上がったパスタを加えて弱火で2〜3分和
える。**6** 皿に盛り付け、黒トリュフをおろし
て仕上げる。

Ricette del ristorante

チ ヴィタはローマから車で約2時間。
オリーブ栽培に最適な土地に囲ま
れ、希少で最高級のオリーブオイルの産
地でもある。このレストランは、500年続
くオリーブ農家の姉弟が経営。自家製の
絞りたてオイルを使った料理2品をふる
まってくれた。そのオイルの色と香りに
もこみちさんはノックアウト。「いい香
り！ こんなにおいしいオイルは初め
て！」もちろん料理も極上の味。イタリ
アの旅は、こんな感動の連続だった。

僕がイタリアで買ったもの！

旅の楽しみのひとつは、自分用、お土産用のショッピング。
少ないフリータイムの合い間を縫って、要所要所でお気に入りをGET！
料理男子代表らしく、料理関係のものがこんなにたくさん。

B 「今回の旅で、エスプレッソにすごくハマって」、かわいい1人分のエスプレッソメーカーを購入。

A モデナ州のマルピーニ社製12年ものバルサミコ酢。味見し、吟味して選んだ。

フィレンツェ中央市場は野菜、肉、チーズ、何でも揃う楽しい空間。もこみちさんも撮影後、食材を調達。

B 「あ、これいい！ て買って帰ったら、家にサイズ違いがあった(笑)。でも違うサイズだから！」

B ありそうでなかなかない、ウッドトレイ。「サーブする時やベランダでの軽食に使ってます」

B ふたつのガスコンロの上に乗せられるグリルパン。「大量に料理する時、絶対便利でしょ」

C 緑も濃く、香りはフルーティ、あと味がスパイシーなオリーブオイル。そのおいしさは鮮烈な印象。

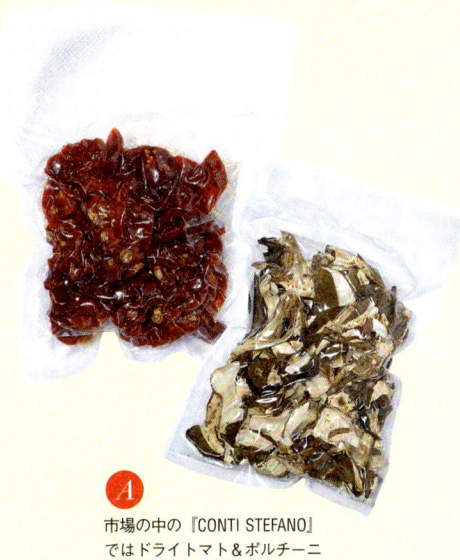

A 市場の中の『CONTI STEFANO』ではドライトマト＆ポルチーニを。真空パックしてくれます。

C 感動もののチヴィタのオリーブオイルは、350mlを大量買い。友人のお土産に。(写真は250ml)

D ローマでのわずかなプライベート時間も食器屋さんで買い物。巨大パスタボウルはパーティ用?

D オイル&バルサミコ酢入れセット。イタリアらしいタッチの絵柄が気に入って。キャップ付き。

ロケで訪れたキッチングッズ屋さんでも大人買い。結果、別送品で送ることに。「かわいいもの、おしゃれなものが多いよね」

D チーズを象った陶器は「チーズを使ったスープやリゾット、あとチーズ入れとしても使える」。

A **Mercato Centrale di Firenze**
●Via Signa 300, Firenze
営7:00〜14:00、土曜のみ〜17:00
休日曜
メディチ家礼拝堂近く。

B **c.u.c.i.n.a**
●Via giuseppe gioacchino belli 21, Roma ☎06-3243723
www.cucinastore.com
営10:00(土曜10:30)〜19:30
休日曜　カヴール広場近く。

C **ALMA CIVITA**
●p.91参照。オリーブオイル購入希望の場合は現地、もしくはinfo@frantoiodipiensi.itに問い合わせのこと。(英語、イタリア語のみ)

D **STILVETRO**
●Via Frattina 56, Roma
☎06-6790258
www.stilvetro.com
営9:30〜20:00　休月曜AM、日曜　スペイン広場近く。

93

INDEX 食材逆引き索引
メインとして使う食材からレシピを検索

Vegetable, Fruit

アボカド	6
いちご	45
イチジク	45
いんげん	31
エシャレット	15,23,24,25,37,39,40,78,81
エリンギ	24,34
エンダイブ	27,40
オレンジ	6,46,78
かぼちゃ	25
キャベツ	11
きゅうり	81
グリーンオリーブ	10
黒キャベツ	65
グリーンピース	37,78
コーン	17
ごぼう	30
ザクロ	38,39
しいたけ	34
しめじ	19
じゃがいも	14,15,65
白いんげん豆	14,17,65
白マイタケ	34
ジロール茸	34
ズッキーニ	14,17,23,65,80
セロリ	17,23,24,30,39,65,81
玉ねぎ	15,51,63,78
チコリ	6,8
トマト	8,14,65,81
トリュフ	16,91
トレビス	8,27,40
なす	19,83
にんじん	14,15,17,20,30,31,37,65
パプリカ	6,80
ピクルス	9,11
ビーツ	9
プリーツレタス	27
ブロッコリー	14
ベビーリーフ	27
ほうれん草	63
ポットベラ	34
ポルチーニ茸	24
ポロネギ	65
マッシュルーム	16,22,25,37
ミニトマト	6,8,33
紫キャベツ	9
紫玉ねぎ	8,14,20,27,31,37,65,79,81
ラズベリー	45
ルッコラ	8,39,40

Meat

牛
仔牛肉の薄切り	57
仔牛ロース肉	81
牛ひき肉	10,23,78
ステーキ用サーロイン	34
Tボーンステーキ用牛肉	64
フィレステーキ肉	27

豚
トンカツ用豚肉	31
豚肩ロース	22

鶏
鶏レバー	63
骨付き鶏もも肉	35

加工品
グアンチャーレ	57
パンチェッタ	19,57
プロシュート	6,11,57
ベーコン	17,20,23,38,40

Seafood

あさり	15,41
アンチョビ	6,21
エビ	21,37,79
カジキマグロ	80
薫製ニシン	78
サーモン	15
スズキ	30
スモークサーモン	41
たら	39
手長エビ	33
ムール貝	33
ヤリイカ	21,41

Egg, Dairy Product

牛乳 ················· 15,17,35,45,51,91
卵 ····················· 39,42,45,57,63,78
生クリーム ························· 15,17,44
チーズ
　カチョカヴァッロ ······················· 78
　ゴルゴンゾーラ ··························· 20
　スライスチーズ ··························· 38
　チェダーチーズ ···························· 6,39
　パルミジャーノ・レッジャーノ
　···8,10,11,19,20,22,23,24,25,39,40,41,57,79
　フォンティーナチーズ ··················· 51
　ペコリーノチーズ ····················· 57,63
　ペコリーノ・ロマーノ ············ 14,23,40
　マスカルポーネチーズ ··················· 44
　モッツアレラチーズ ··················· 23,41
　リコッタ・サラータ ······················· 83
　リコッタチーズ ····················· 16,63

Pasta, Noodle, Rice, etc.

パスタ
　アネッレッティ ··························· 78
　シェルパスタ（コンキリエ）············ 20
　タリアテッレ ······························ 21
　パッパルデッレ ··························· 19
　フェットチーネ ··························· 22
　ブカティーニ ······························ 57
　ペンネ ·· 14
　ラザニア ···································· 23
　リガトーニ ····························· 57,83
米
　タイ米 ···································· 31,37
　リゾット米 ····························· 24,25
パン
　カンパーニュ ······························ 38
　パニーニ ···································· 39
その他
　ポレンタ粉 ····························· 35,51

Nut, Dried Fruit

アーモンド ································ 6,22
クルミ ·· 42
ピスタチオ ·································· 42
ピーカンナッツ ···························· 42
干しぶどう ·································· 22

Sweets

フィンガービスケット ··················· 44
チョコレートアイスクリーム ··········· 45

Profile

速水もこみち（はやみ・もこみち）

俳優。東京都出身。ドラマ、CMで幅広く活躍し、主なドラマ主演作に『ハンマーセッション！』（TBS系）、『オー！マイ・ガール!!』（日本テレビ系）、『絶対彼氏』（フジテレビ系）など。『ZIP!』（日本テレビ系）の料理コーナー「MOCO'Sキッチン」でも、料理の腕前を披露中。オリジナルレシピブック『きみと食べたら、きっと美味しい。』『MOCO飯』（共に小社刊）も好評発売中。
公式サイト www.ken-on.co.jp/hayami/

トラットリアMOCO
きみと食べたいイタリアン

2012年4月12日 第1刷発行

著者／速水もこみち
発行者／石崎 孟
発行所／株式会社マガジンハウス
　　　　東京都中央区銀座 3-13-10 〒104-8003
　　　　電話　受注センター　049（275）1811
　　　　　　　書籍編集部　03（3545）7030
印刷・製本所／大日本印刷株式会社

©2012 Mocomichi Hayami　Printed in Japan
ISBN978-4-8387-2419-2 C0077

本書の無断複製（コピー、スキャン、デジタル化等）は禁じられています（但し、著作権法上での例外は除く）。断りなくスキャンやデジタル化することは著作権法違反に問われる可能性があります。
乱丁本・落丁本は購入書店明記のうえ、小社製作部宛にお送りください。送料小社負担にてお取り替えいたします。
定価は表紙とカバーに表示してあります。

マガジンハウス　ホームページ
http://magazineworld.jp/

協力店リスト

Fashion
ato青山　☎03-5474-1748
アマン　☎03-6805-0527
アルーナ　☎03-6808-1098
エディフィス渋谷　☎03-3400-2931
シェラック　☎03-5724-5687
ディーゼル ジャパン　📠0120-55-1978
ヒューゴ ボス ジャパン　☎03-5774-7670

Tableware & Kitchenware
アポーリア日本事業部（デニオ総研）　☎03-5433-4660
ストウブ（ツヴィリングJ.A.ヘンケルスジャパン）　📠0120-75-7155
ツヴィリングJ.A.ヘンケルスジャパン　📠0120-75-7155
fog　☎03-5432-5610
Madu 青山店　☎03-3498-2971
ラ・ロシェール日本事業部（デニオ総研）　☎03-5433-4660

Cooperation
BSジャパン『速水もこみちイタリア食紀行』and all the staff
m&m mediaservices
アリタリア航空
IL SALVIATINO

Location
IL LUPONE　☎03-5722-6789　www.il-lupone.jp

Staff
All recipes written by **Mocomichi Hayami**

Photographer: Maki Ogasawara (MAGAZINE HOUSE)
Stylist: Fuyu (fashion)
　　　　Michiko Nagao (tableware)
Hair & Make-up: Koichi Takahashi (Nestation)
Cooking assistant & Supervisor: Kinuko Minai

Artist Management: Kayoko Tsujimura (Ken-on)
　　　　　　　　　Mariko Ito (Ken-on)
　　　　　　　　　Takafumi Hokari (Ken-on)
Special Thanks: Wakana Aoki (Rad Japan)

Art Director: Mutsumi Oka (mocha design)
Designer: Kazune Oya (mocha design)
Editor: Kazumi Harada (MAGAZINE HOUSE)